# Lélekben és igazságban imádják

Lelki imádat

Dr. Jaerock Lee

*„De eljő az óra, és az most vagyon,
amikor az igazi imádók lélekben, és igazságban imádják az Atyát:
mert az Atya is ilyeneket keres, az ő imádóiul.
Az Isten lélek: és a kik őt imádják, szükség,
hogy lélekben és igazságban imádják."*
(János 4:23-24)

**Lélekben és igazságban imádják,** Szerző: Dr. Jaerock Lee
Kiadja az Urim Books (Képviselő:Seongnam Vin)
73, Yeouidaebang-ro 22-gil, Dongjak-gu, Szöul,
Korea www.urimbooks.com

Ez a könyv vagy annak részei nem reprodukálható semmilyen formában, nem tárolható előhívható rendszerben, nem sokszorosítható semmilyen formában vagy eszköz által, elektronikus, mechanikai vagy fénymásolt, rögzített vagy más formában, a kiadó előzőleges írásos beleegyezése nélkül

Hacsak másként nem jelöltük, az összes bibliai idézet a Károli Szent Bibliából származik. Engedéllyel felhasználva.

Szerzői jog Copyright © 2018 Dr. Jaerock Lee
ISBN: 979-11-263-0415-8   03230
Fordítási jog Copyright © 2013 Dr. Esther K. Chung. Engedéllyel felhasználva.

Korábban koreai nyelven kiadva az Urim Books által 1992-ben

*Első kiadás 2018 június*

Szerkesztő: Dr. Geumsun Vin
Szerkesztette az Urim Books Kiadói Hivatala
Nyomtatva a Prione Printing által
További információért lépjen kapcsolatba a következő címen:
urimbook@hotmail.com

# Előszó

Az akácfák gyakori látványként jelennek meg a pusztában, Izraelben. Ezek a fák a gyökereikkel több száz méterre a felszín alatt megtalálják a vizet, mely szükséges az életük fenntartásához. Első pillantásra az akácfa csak tűzifának szolgál, de a deszkája szilárdabb és erősebb, mint bármely másik fáé.

Isten megparancsolta, hogy a bizonyság ládáját (a Frigyládát) építsék meg akácfából, bevonva arannyal, és helyezzék el a Szentek Szentje szentélybe. A szentély az a szent hely, ahol Isten lakik, és ahová csak a főpap léphet be. Ugyanígy, az az egyén, aki gyökeret eresztett Isten Igéjében, amely az élet, nem csak egy értékes eszköz Isten színe előtt, hanem bőséges áldásokat élvezhet az életében.

Amint a Jeremiás 17:8-ban látjuk: *„Mert olyanná lesz, mint a víz mellé ültetett fa, a mely a folyó felé bocsátja gyökereit, és nem fél, ha hőség következik, és a levele zöld marad; és a száraz esztendőben nem retteg, sem a gyümölcsözéstől meg nem szűnik."* Itt a „víz" spirituális értelemben Isten Igéje, és az a személy, aki ilyen áldásokat kapott, az istentiszteletet, ahol Isten

Igéjét hirdetik, szeretni fogja.

Az istentisztelet egy olyan ünnepség, ahol tisztelet és imádás adatik az istenségnek. Összegezve, a keresztény istentisztelet olyan szertartás, amely során hálát adunk Istennek, és felemeljük Őt a tiszteletünkkel, dicséretünkkel és dicsőség-adásunkkal. Mind az ószövetségi időkben, mind ma, Isten kereste, és továbbra is keresi azokat, akik imádják Őt, lélekben és igazságban.

Az ószövetségi Leviták könyvében a legapróbb részletekig megtaláljuk az istentisztelet leírását. Vannak, akik azt állítják, hogy azért, mert a Leviták könyve az Istennek való áldozat felmutatásának törvényeiről szól az Ószövetség idején, a könyv nem vonatkozhat ránk ma. Ez teljesen hamis állítás, mert az ószövetségi törvények mélyen beágyazottak a mai istentiszteletben is, ahogy ma imádjuk Istent. Csakúgy, mint az ószövetségi időkben, az újszövetségi időkben is: az ima az út, amelyen találkozunk Istennel. Csak ha követjük az ószövetségi törvények spirituális jelentését az áldozással kapcsolatban, ami feddhetetlen, akkor tudjuk mi is imádni Istent az újszövetségi időkben, lélekben és igazságban.

Ez a munka mélyen kielemzi a különböző áldozatok tanulságait és jelentőségét úgy, hogy egyenként megnézi az égő- és ételáldozatokat, hálaadó áldozatokat, és a bűntudat felajánlásokat, ahogy ezek ránk vonatkoznak akik az újszövetségi időkben élünk. Ez segít abban, hogy részletesen megmagyarázzuk, hogyan kell Istent szolgálnunk. Annak érdekében, hogy az olvasók megértsék az áldozatok szabályait, ez a könyv színes képeket tartalmaz a templom panoráma nézetéről, a Szentély és a Szentek Szentje belsejéről, és az istentisztelet válogatott eszközeiről.

Isten ezt mondja nekünk: *„Szentek legyetek, mert én szent vagyok"* (Leviták könyve 11:45; 1 Péter 1:16), és mindannyiunkat arra kér, hogy teljesen értsük meg a törvényeket, amelyeket a Leviták könyvében megtalálunk az áldozatokkal kapcsolatban, és éljünk szent életet. Remélem, minden szempontból megértik majd e könyv olvasói azt, hogyan történt az áldozat felajánlása az ószövetségi időkben, és imádni fognak az újszövetségi időkben. Azt is remélem, hogy meg fogják vizsgálni, hogy milyen módon, hogyan imádnak, és Istent olyan módon imádják majd, amely tetszik neki.

Imádkozom a mi Urunk Jézus Krisztus nevében, hogy ahogy Salamon Isten kedvére tett az ezer égő áldozattal, ennek a könyvnek minden olvasója használja azt úgy, mint egy értékes eszközt Isten előtt, és mint a víz mellé ültetett fa, élvezze a túláradó áldást az által, hogy Isten felé kiárasztja a szeretet és a hála illatát, és imádja Őt lélekben és igazságban!

2010. február

*Jaerock Lee*

# Tartalomjegyzék

Lélekben és igazságban imádják

Előszó

*Első fejezet*
Spirituális imádat, amelyet elfogad Isten   1

*Második fejezet*
Ószövetségi áldozatok, amint azt a Leviták könyvében találjuk   19

*Harmadik fejezet*
Az égőáldozat   45

*Negyedik fejezet*
A gabonaáldozat   71

*Ötödik fejezet*
A békeáldozat   89

*Hatodik fejezet*
Bűn felajánlások   103

*Hetedik fejezet*
A bűntudat áldozata   121

*Nyolcadik fejezet*
Mutasd a testedet egy élő és szent áldozatként   135

Első fejezet

# Spirituális imádat, amelyet elfogad Isten

„Az Isten lélek: és a kik őt imádják,
szükség, hogy lélekben és igazságban imádják."

János 4:24

## 1. Áldozatok az Ótestamentum idején, és imádás az Újtestamentum idején

Eredetileg Ádám, az első teremtett ember, olyan lény volt, aki közvetlen és bensőséges kapcsolatot ápolt Istennel. Miután megkísértette a Sátán és a bűnt elkövette, Ádám bensőséges kapcsolata Istennel megszakadt. Ádám és az ő leszármazottai számára Isten előkészített egy utat, a megbocsátás és a megváltás útját, amelyen keresztül helyre tudják állítani a kommunikációt Istennel. Ez a módszer megtalálható az ószövetségi időkben, az áldozásban, amelyet Isten kegyesen biztosított.

Az áldozást az ószövetségi időkben nem az ember hajtotta végre. Maga Isten tárta fel őket, és utasított az áldozás ügyében. Tudjuk, hogy ez a Mózes 1:1-től „*Szólítá Mózest és beszéle vele az Úr a gyülekezet sátorából, mondván...*" Ezt a Káin és Ábel által adott áldozatokból is látjuk, amelyeket Istennek ajánlottak fel (Genezis 4:2-4).

Ezek a felajánlások, mindenik a jelentősége szerint, különleges szabályokat követnek. A következő kategóriákba sorolhatók: égő- és ételáldozatok, hálaadó áldozatok, a béke áldozatai, és a bűntudat áldozatai. A bűn súlyosságától függően, valamint a felajánló emberek körülményei szerint, tulkokat, bárányokat, kecskéket, galambokat és lisztet lehetett felajánlani. A papoknak, akik szolgáltak a felajánlások fölött, gyakorolniuk kellett az önuralmat az életben, körültekintő magatartást kellett mutatniuk, olyan papi palástot kellett magukra ölteniük, amelynek részei különváltak egymástól, és áldozatokat kellett bemutatniuk, amelyek a legnagyobb gondossággal elő voltak készítve, a megállapított szabályok szerint. Az ilyen felajánlások külső formaságok voltak, bonyolultak és szigorúak.

Az ószövetségi időkben, miután a személy elkövette a bűnt, csak az által tudott üdvözülni, ha a bűnért áldozatként egy állatot felajánlott, és ezen keresztül, a vér által a bűne engesztelést nyert. Ugyanakkor ugyanez a vér, amelyet évről évre felajánlottak, nem tudta teljesen megmenteni az embereket a saját bűneiktől, ezek az ajánlatok ideiglenesek voltak, és így nem tökéletesek. Ez azért van, mert a teljes megváltás az emberi bűnöktől csak egy személy élete által lehetséges.

Az 1 Korinthusiak 15:21 ezt mondja nekünk: *"Miután ugyanis ember által van a halál, szintén ember által van a halottak feltámadása is."* Emiatt Jézus az Isten Fia eljött ebbe a világba hús-vér emberként, és bár bűntelen volt, a vérét ontotta a kereszten, és meghalt rajta. Mivel Jézus áldozattá vált egyszer (Zsidók 9:28), már nincs szükség a vér feláldozására, amely komplex és merev szabályokat követel.

Ahogy a Zsidók 9:11-12-ben olvassuk: *"Krisztus pedig megjelenvén, mint a jövendő javaknak főpapja, a nagyobb és tökéletesebb, nem kézzel csinált, azaz nem e világból való sátoron keresztül, És nem bakok és tulkok vére által, hanem az ő tulajdon vére által ment be egyszer s mindenkorra a szentélybe, örök váltságot szerezve,"* Jézus megvalósította az örök megváltást.

Jézus Krisztus által, már nem ajánlunk fel Istennek véráldozatot, de Elé mehetünk, és felajánlhatjuk Neki az élő és szent áldozatot. Ez az áldozó, imádó istentisztelet az újszövetségi időkben. Jézus áldozatot hozott a bűneinkért, minden bűnre, mindig azzal, hogy rászögezték a keresztre, és a vérét adta (Zsidók 10:11-12), ha a szívünkből elhisszük, hogy már megváltott a bűntől bennünket, és elfogadjuk a Jézus Krisztust, megkaphatjuk a bűneink bocsánatát. Ez nem egy szertartás, amely hangsúlyozza a cselekedetet, de a hit demonstrációja, amely a szívünkből ered. Ez egy élő és szent áldozat, és lelki istentisztelet (Róma 12:1).

Ez nem jelenti azt, hogy az áldozatot az ószövetségi időkben eltörölték. Ha az Ószövetség egy árnyék, akkor az Újszövetség a forma. Csakúgy, mint a Törvény esetében, az Ószövetségben levő törvényeket Jézus tökéletesítette az Újszövetségben. Az újszövetségi időkben pusztán a formalitás változott: az istentisztelet lett a forma. Ahogy Isten figyelembe vette az ártatlan és tiszta felajánlásokat az ószövetségi időkben, Ő elégedett lesz az imádatunkkal az istentiszteleten, melyet lélekben és igazságban ajánlunk fel Neki az újszövetségi időkben. A szigorú formai követelmények és eljárások nem csak a külsőséget, a szertartásokat hangsúlyozták, hanem mély spirituális jelentőséggel bírtak. Ezek mutatóul szolgálnak, amelyekkel meg tudjuk vizsgálni a hozzáállásunkat az istentisztelethez.

Először is, miután megfizet vagy felelősséget vállal a hibákért a tetteivel egy hívő a szomszédok, testvérek, vagy Isten előtt (bűntudat felajánlás), meg kell néznie az életét, hogy mit tett az előző héten, be kell hogy vallja a bűneit, és bocsánatot kell hogy kérjen (bűnáldozat), és imádnia kell az Istent tiszta szívvel és a legnagyobb őszinteséggel (égőáldozat). Ha kérjük Istent azáltal, hogy a legnagyobb gondossággal előkészített áldozatot hozzuk meg, hálából az Ő kegyelméért, amely megvédett minket az előző héten (gabona vagy ételáldozat), és elmondjuk Neki, hogy mi a szívünk vágya (béke felkínálás), Ő teljesíti a szívünk vágyát, és erőt, hatalmat ad nekünk, hogy legyőzzük a világot. Mint ilyen, az istentisztelet az újszövetségi időkben sok fontos szabályt tartalmaz az Ószövetség idejében történt felajánlásokkal kapcsolatban. Az ószövetségi időkben történt áldozatok szabályait fogjuk vizsgálni részletesebben a 3. fejezetben, és azt követően.

## 2. Lélekben és igazságban történő imádás

A János 4:23-24-ben Jézus ezt mondja nekünk: *"De eljő az óra, és az most vagyon, amikor az igazi imádók lélekben, és igazságban imádják az Atyát: mert az Atya is ilyeneket keres, az ő imádóiul. Az Isten lélek: és a kik őt imádják, szükség, hogy lélekben és igazságban imádják."* Ez része annak, amit Jézus azt mondott egy nőnek, akivel találkozott egy szamariai városban, Sikárban. A nő megkérdezte Jézust—aki azzal kezdte a beszélgetést, hogy vizet kért—hogy hol van az az istentiszteleti hely, amely már régóta tárgya volt a kíváncsiságnak akkoriban (János 4:19-20).

Míg a zsidók áldozatokat mutattak be Jeruzsálemben, ahol a Templom volt, a szamaritánusok a Garizim hegyén tették ugyanezt. Ez azért van, mert amikor Izrael kettészakadt Roboám, Salamon fiának uralkodása alatt, Izrael északi részén építettek egy falat, mely megakadályozta az embereket abban, hogy Jeruzsálem Templomába elmehessenek. Mivel az asszony tisztában volt ezzel, azt akarta tudni, hol a hely, ahol az istentiszteletet tartják.

Izrael népe számára a kegyhely fontos jelentéssel bír. Mivel Isten jelen volt a templomban, megkülönböztették azt, és úgy gondolták, hogy itt van a világegyetem központja. Azonban, a szív, amellyel imádjuk Istent, sokkal fontosabb, mint egy hely, vagy az istentisztelet helye. Míg Jézus kinyilatkoztatta magát, mint a Messiás, azt is megérttette, hogy az istentiszteletet is meg kellett újítani.

Mi az, hogy „imádják lélekben és igazságban"? „Imádni a lélekben" azt jelenti, hogy az Isten Igéjének a 66 könyvéből, ami a Biblia, levonjuk a tanulságot a Szentlélek inspirációja és teljessége által, és imádjuk—a szívünk mélyéből—a Szentlelket, aki bennünk lakozik. „Igazságban imádni" azt jelenti, hogy helyesen értelmezzük az Istent, hogy imádjuk Őt a testünkkel, szívünkkel, akaratunkkal, őszintén, valamint a cselekedetek mellett áldozatokat mutatunk fel Neki.

Az, hogy Isten elfogadja az imádatunkat vagy nem, nem függ a külső megjelenésünktől, vagy a felkínált áldozatunk méretétől, hanem a gondosságunk mértékétől, amellyel fel tudunk adni az egyéni életkörülményeinkből azért, hogy Őt imádjuk. Isten szívesen fogadja, és válaszol azoknak a szívbeli vágyaira, akik imádják Őt a szívük mélyéről, és önként adnak Neki ajándékokat. Azonban, nem fogadja el a szemtelen emberek imáját, akiknek a szíve meggondolatlan, és csak azt tartják szem előtt, hogy mások mit gondolnak róluk.

## 3. Olyan imádás felajánlása, amelyet isten elfogad

Azok közülünk, akik az újszövetségi időkben élünk, amikor Jézus Krisztus beteljesítette a törvényt, nekünk Istent tökéletesebb módon kell imádnunk. Ez azért van, mert a szeretet a legnagyobb parancsolat, amelyet Jézus Krisztus adott nekünk, aki teljesítette a szeretet törvényét. Az imádat tehát Isten iránti szeretetünket fejezi ki. Vannak, akik megvallják a szeretetüket Isten iránt a szájukkal, de a mód, ahogyan imádják Őt, úgy tűnik, néha megkérdőjelezhető, mint ahogy az is, hogy valóban szeretik Istent, a szívük mélyéből.

Ha találkozunk valakivel, aki vezető beosztásban van, vagy korosabb, megigazítanánk a ruhánkat, hozzáállásunkat, és a szívünket. Ha ajándékot adnánk neki, elkészítenénk neki egy makulátlan ajándékot, a legnagyobb gondossággal. Nos, Isten a Teremtője mindennek az univerzumban, és méltó a dicsőségre és dicséretre az Alkotása miatt. Ha imádni akarjuk Istent lélekben és igazságban, akkor soha nem lehetünk szemtelenek Előtte. Meg kell néznünk magunkat, hogy megvizsgáljuk, hogy nem voltunk-e pimaszok, és részt kell hogy vegyünk az istentiszteleteken, szolgálatban és imádatban a teljes testünkkel, szívünkkel, akaratunkkal és gondosságunkkal.

**1) Nem késhetünk el az istentiszteletről.**

Az istentisztelet egy olyan ünnepség, ahol elismerjük, hogy a láthatatlan Isten a szellemi hatalom, ezt felismerjük a szívünk mélyéből, de csak ha már csatlakoztunk a szabályokhoz és elvekhez, amelyeket Ő létrehozott. Ezért szemtelenség késni az istentiszteletekről, bármilyen okból.

Mivel az istentiszteleten megfogadjuk, hogy az Istennek adakozunk, el kell jutnunk a templomba az istentisztelet megkezdése előtt, magunkat az imádságnak át kell adnunk, és elő kell hogy készítsük a szívünket az istentiszteletre. Ha találkoznánk egy királlyal, egy elnökkel vagy miniszterelnökkel, akkor kétségtelenül korán érkeznénk, és felkészült szívvel várnánk. Akkor hogyan késhetünk, vagy rohanhatnánk, amikor találkozunk Istennel, aki összehasonlíthatatlanul nagyobb és fenségesebb?

**2) Teljesen az üzenetre kell figyelnünk.**

A pásztor (a lelkész) egy szolga, akit felkent Isten, és megfelel a papnak az ószövetségi időkben. A pásztor, akit felszenteltek, hogy hirdesse az Igét egy szent oltárról olyan vezető, aki a juhnyáját elvezeti a mennybe. Ezért Isten a szemtelenség vagy engedetlenség cselekményét a pásztor felé úgy tekinti, mint szemtelenséget vagy engedetlenséget maga Isten felé.

Az Exodus 16:8-ban azt látjuk, hogy amikor Izrael népe morgott, és ellenezte Mózest, maga Isten ellen cselekedett. Az 1

Sámuel 8:4-9-ben, amikor az emberek nem engedelmeskedtek Sámuel prófétának, Isten ezt engedetlenségnek tekintette Maga ellen. Ezért, ha egy olyan személlyel beszélsz, aki melletted ül, vagy ha az elméd tele van tétlen gondolatokkal, amikor a lelkész kihirdet egy üzenetet Isten nevében, akkor szemtelen vagy Isten előtt.

Ha elszundítunk, vagy elalszunk istentisztelet közben, ez is a szemtelenség aktusa. El tudod képzelni, milyen durva lenne, ha a titkárnő vagy lelkész elaludna, amikor házigazdaként jelenne meg az elnök? Ugyanígy, ha elszundítunk vagy elalszunk egy szentélyben, amely a mi Urunk teste, ez is a szemtelenség cselekedete Isten, a lelkész és a hitbeli testvérek előtt.

Az is elfogadhatatlan, ha töredezett lélekkel imádunk. Isten nem fogadja az imánkat, ha hála és öröm nélkül, bánatosan ajánljuk azt fel. Ezért várakozással a szívünkben kell részt vennünk az istentiszteleten, az égi remény és a hálás szív jegyében, mivel az üdvösség és a szeretet kegyelme megadatott nekünk.

Arcátlanság megrázni vagy beszélni egy olyan személyhez, aki éppen Istenhez imádkozik. Ahogy nem szabad megszakítani egy beszélgetést a vezetőd és a kortársad között, ugyanígy szemtelenség, ha valakit megzavarunk, aki beszélget Istennel.

3) Az alkohol és a dohány nem fogyasztható istentiszteletek előtt.

Ha egy új hívő nem képes leszokni az ivásról és a dohányzásról a gyenge hite miatt, Isten nem tekinti ezt bűnnek. Azonban, ha egy személy, aki megkeresztelkedett, és az egyházban valamilyen tisztséggel bír, továbbra is iszik, dohányzik, ezzel szemtelenséget követ el Isten előtt.

Még a hitetlenek is azt gondolják, hogy helytelen, és nagy baj, ha valaki ittasan, vagy dohányzás után megy a templomba. Ha valaki belegondol a sok problémába és bűnbe, ami az ivás és a dohányzás következménye, akkor képes lesz felismerni az igazságot, azt: hogyan kell viselkednie, mint Isten gyermeke.

A dohányzás különféle rákos megbetegedéseket okoz, így károsítja a testet. Az ivászat mérgezéshez vezet, és a nem megfelelő viselkedés és beszéd okozója. Hogyan lehet egy hívő, aki dohányzik, vagy iszik Isten gyermekének egy példája, ha a viselkedése lejáratja őt?

Ezért, ha igaz hittel bírunk, gyorsan le kell vetnünk magunkról a korábbi viselkedésünket. Akkor is, ha csak kezdők vagyunk a hitben, minden erőfeszítést meg kell hoznunk annak érdekében, hogy a korábbi életmódunkat eldobjuk magunktól, és megfeleljünk Isten előtt.

**4) Nem szabad elvonnunk az istentisztelet patináját vagy hangulatát.**

A szentély egy szent hely, amelyet azért különítettek el, hogy itt az ember imádja Istent, imádkozzon Hozzá, és magasztalja Őt. Ha a szülők megengedik a gyermeknek, hogy sírjon, zajongjon, vagy futkosson, a gyermek megakadályozhatja, hogy a gyülekezeti tagok szívük mélyéről imádják Istent. Ez szemtelenség Isten előtt.

Az is tiszteletlen, ha idegesen, dühösen beszélünk egy

üzletről, vagy külső szórakozásról a szentélyben. A rágógumi, a hangos beszélgetés az emberekkel, akik mellettünk ülnek, vagy ha kisétálunk a szentélyből a mise közepén, mind a tiszteletlenség jelei. A kalap, póló, szvetter vagy flip-flop papucs viselése, mind azt jelenti, hogy eltértünk a megfelelő modortól. A külső megjelenés nem fontos, de az egyén belső hozzáállása és a szíve gyakran tükröződik a külső megjelenésében. A gondosság, amellyel egy személy elkészül az istentiszteletre, megjelenik az öltözékében és a külső megjelenésében.

Ha pontosan megértjük Istent, és azt, hogy mire vágyik Ő, ez lehetővé teszi számunkra, hogy spirituálisan imádjuk Őt oly módon, amelyet elfogad. Amikor Istent olyan módon imádjuk, ahogy tetszik Neki—lélekben és igazságban—Ő megadja nekünk a megértés hatalmát, hogy bevéssük ezt a megértést a szívünk mélyére, bőséges gyümölcsöt teremjünk, és élvezzük a csodálatos kegyelmet és áldást, amellyel eláraszt minket.

## 4. Egy élet, amelyet a lélekben és igazságban történő imádás jelöl meg

Ha Isten lélekben és szeretetben imádjuk, az életünk megújul. Isten azt akarja, hogy minden egyes ember élete teljen a lélekben és igazságban történt imádat jegyében. Hogyan is kellene viselkednünk, hogy olyan lelki imádatot nyújtsunk Neki, amelyet szívesen fogad?

## 1) Örökké örülnünk kell.

Az igazi öröm nem csak akkor fakad, amikor boldogok vagyunk, de akkor is, ha fájdalmas és nehéz gondokkal kell hogy megküzdjünk. Jézus Krisztus, akit már elfogadtunk, mint a mi Üdvözítőnket, maga is egy ok arra, hogy mindig örvendezzünk, mivel minden átkot levett rólunk. Amikor a pusztulás útján jártunk, Ő megváltott minket a bűntől azzal, hogy a vérét adta értünk. A szegénységet és a betegségeket magára vette, és a gonoszságnak, a könnyeknek, a fájdalomnak, a bánatnak és a halálnak a kötését feloldotta. Továbbá eltörölte a halál tekintélyét és feltámadt, ezzel megadta nekünk a reményt a feltámadáshoz, és lehetővé tette a számunkra, hogy igaz életünk legyen, a gyönyörű mennyországgal utána.

Ha Jézus Krisztus a mi örömünk forrása, akkor nincs semmi más a számunkra, csak az örvendezés. Mivel megvan a reményünk a túlvilágban és az örök boldogságban, akkor is, ha nincs élelmünk, és megkötnek a problémák a családunkban, netán megpróbáltatások és üldöztetés vesz körül, a valóság közömbös lehet számunkra. Amíg az Isten iránti szeretettel töltött szívünk nem habozik, és a mennyországba vetett reményünk nem rendült meg, az örömünk soha nem halványul el. Tehát, ha a szívünk megtelt Isten kegyelmével és a mennyország iránti reménnyel, az öröm feltör bennünk bármelyik pillanatban, és akkor a nehézségek gyorsabban válnak áldássá.

2) Szünet nélkül imádkoznunk kell.

Három jelentése van a „szüntelenül imádkozzatok" kifejezésnek. Először is: imádkozni kell, rendszeresen. Még Jézus is, egész szolgálata idején megkereste a csendes helyeket, ahol tudott imádkozni, „szokása szerint." Dániel naponta háromszor imádkozott, rendszeresen. Péter és más tanítványok is mindig szakítottak időt az imádságra. Nekünk is imádkoznunk kell rendszeresen, hogy meglegyen az imaidőnk, és hogy a Szentlélek olaja soha ki ne fogyjon. Csak ekkor tudjuk megérteni Isten Igéjének jelentését az istentiszteletek során, és kapjuk meg az erőt, hogy az Ige szerint éljünk.

Ezután „szüntelenül imádkozzatok" azt jelenti, hogy időnként akkor imádkozunk, amikor nem rögzített időpont vagy szokás szerint tesszük azt. Vannak esetek, amikor a Szentlélek arra kényszerít bennünket, hogy akkor is imádkozzunk, amikor nem a rendszeres imánkról van szó. Gyakran halljuk azoknak a vallomását, akik elkerülték a nehézségeket vagy megmenekültek a balesetektől azzal, hogy engedelmeskedtek és imádkoztak ilyenkor.

Végül, a „szüntelenül imádkozzatok" azt jelenti, hogy éjjel-nappal meditálni kell Isten Igéje fölött. Függetlenül attól, hogy hol, kivel, vagy mit tesz egy ember, az igazságnak a szívében élnie kell, és aktívan kell végeznie a munkáját.

Az ima olyan a lelkünknek, mint a légzés. Ahogy a test meghal, amikor a test légzése megáll, ha megszűnik az ima, ez a lélek gyengüléséhez, esetleges halálához vezet. Azt lehet mondani, hogy egy személy „szüntelenül imádkozik," amikor nem csak akkor kiált fel az imában, amikor ezt kell tennie, hanem akkor is, amikor meditál az Ige fölött éjjel-nappal, és eszerint él. Ha Isten Igéje lakozik a szívében, és az életét közösségben éli a Szentlélekkel minden szempontból, az élete virágozni fog, és a Szentlélek vezetni fogja világosan és egyénre szabottan.

Ahogy a Biblia azt mondja, hogy „keressétek először az Ő országát és az Ő igazságát," amikor imádkozunk Isten királyságáért—gondviseléséért és a lelkek üdvösségéért—ahelyett, hogy magunkért tennénk, Isten megáld bennünket bőségesen. Mégis, vannak olyan emberek, akik imádkoznak, amikor szembesülnek a nehézségekkel, vagy ha úgy érzik, valamijük hiányzik, de aztán szünetet tartanak az imával, amikor békében vannak. Vannak mások, akik imádkoznak szorgalmasan, amikor tele vannak a Szentlélekkel, de abbahagyják, ha elveszítik a teljességet.

Mindazonáltal, tartanunk kell a szívünket, és fel kell engednünk Istenhez az imádság illatát, amivel elégedett. El lehet képzelni, milyen kínzó és nehéz kiejteni olyan szavakat, amelyek az ember akarata ellen valók, és csak kitölteni az időt az imában, miközben megpróbálja leküzdeni az álmosságot és a tétlen gondolatait az ember. Tehát, ha egy hívő azt tartja magáról, hogy van egy bizonyos fokú hite, mégis ilyen nehézségei vannak, és úgy érzi, hogy nehézkes a beszélgetése Istennel, szégyellnie kellene, amikor megvallja a „szeretetét" Istenhez. Ha úgy érzed, hogy az imád „unalmas és stagnáló," vizsgáld meg magad, hogy mennyire voltál boldog és hálás.

Egészen biztos, hogy ha egy ember szíve mindig tele van örömmel és hálával, az imádsága a Szentlélek teljességében fog történni, és nem fog stagnálni, hanem nagyobb mélységeket fog elérni. Ennek a személynek nem lesz az az érzése, hogy képtelen imádkozni. Ehelyett, minél nehezebb dolga lesz, annál inkább fog szomjúhozni Isten kegyelme után, amely arra kötelezi, hogy Istenhez kiáltson fel még komolyabban, és a hite csak növekedni fog, lépésről lépésre.

Amikor a szívünk mélyéből szüntelenül imádkozunk, bőséges gyümölcsöt fog teremni az imádság. Annak ellenére, hogy megpróbáltatások jöhetnek szembe az úton, meg fogjuk tartani az imádság idejét. És, amilyen mértékben már felkiáltottunk az imában, a hit és a szeretet lelki mélységei növekedni fognak bennünk, és megosztjuk majd a kegyelmet másokkal is. Ezért fontos számunkra, hogy szüntelenül imádkozzunk örömben és hálában, hogy megkapjuk a válaszokat Istentől, a testi és lelki gyümölcsök formájában.

### 3) Mindenben hálásnak kell lennünk.

Milyen okok miatt kell hálásnak lenned? Mindenekelőtt ott van a tény, hogy mi, akik halálra voltunk szánva, megmenekültünk, bejuthatunk a mennybe. Az a tény, hogy mindent megkaptunk, beleértve a napi kenyerünket és a jó egészséget, elég ok a számunkra, hogy köszönetet mondjunk. Továbbá, hálásak lehetünk, annak ellenére, hogy megpróbáltatások és gondok értek, mert hiszünk a mindenható

Istenben. Isten ismeri a körülményeinket és helyzeteinket, és hallja minden imánkat. Ha bízunk Istenben, és kitartunk minden bajban, Ő rávezet minket, hogy szebben jöjjünk ki minden ilyen erőpróbából.

Amikor nyomorultak vagyunk az Urunk nevében, vagy akkor is, ha szembetaláljuk magunkat a megpróbáltatásokkal a saját hibáink vagy hiányosságaink miatt, ha valóban bízunk Istenben, akkor azt fogjuk látni, hogy az egyetlen dolog, amit tehetünk ez: hálát adni. Amikor hiányt szenvedünk, vagy nem sikerül valami, annál hálásabbak leszünk Isten hatalmáért, aki megerősíti és tökéletesíti a gyengéket. Még ha a valóságot, amivel szembe kell néznünk, egyre nehezebb lesz is kezelni és elviselni, akkor is képesek leszünk arra, hogy köszönetet mondjunk, mert van Istenbe vetett hitünk. Amikor hálát adunk a hit által, minden dolgunk jól fog működni a végén, és áldásba fordul át.

A szüntelen öröm, az örök imádkozás és hálaadás ott van azon a mércén, amellyel megmérhetjük, hogy mennyi gyümölcsöt teremtünk, lélekben és testben, a hitbeli életünk által. Minél inkább arra törekszünk, hogy örüljünk, függetlenül a helyzettől, és elvessük az öröm magjait, valamint hálát adjunk a szívünk mélyéről, megkeresve az okot, amiért hálásnak kell lennünk, annál több öröm- és hálagyümölcsöt fogunk teremni. Ugyanez a helyzet az imádsággal is, hiszen minél több erőfeszítést teszünk az imában, annál nagyobb erőt és válaszokat fogunk learatni Istentől, mint gyümölcsöt.

Így azáltal, hogy Istennek minden nap lelki szolgálatot és imát ajánlunk fel, ahogy Ő akarja, és amellyel Ő elégedett egy életen át, amelyben mindig örülünk, szüntelenül imádkozunk, és hálát adunk (1 Thesszalonikai 5:16-18), remélem, nagy és bőséges gyümölcsöt termünk lélekben és testben egyaránt.

Második fejezet

## Ószövetségi áldozatok, amint azt a Leviták könyvében találjuk

„Szólítá Mózest és beszéle vele az Úr a gyülekezet sátorából,
mondván: Szólj Izráel fiainak, és mondd meg nékik:
Ha valaki közületek áldozni akar az Úrnak:
barmokból, tulok- és juhfélékből áldozzatok."

3 Mózes – Leviták könyve 1:1-2

## 1. A Leviták könyvének jelentősége

Azt szokták mondani, hogy a Jelenések az Újszövetségben, és a 3 Mózes (Leviták könyve) az Ószövetségben a legnehezebb része a Bibliának. Éppen ezért, amikor a Bibliát olvassák, néhány ember kihagyja ezeket a részeket, míg mások úgy gondolják, hogy az áldozatok felajánlásának szabályai az ószövetségi időkből nem relevánsak számunkra ma. Azonban, ha ezek a részek nem vonatkoznak ránk, akkor nincs ok, amiért Isten rögzítette ezeket a könyveket a Bibliában. Mivel minden szó az Újszövetségből, valamint az Ószövetség is teljesen szükséges a Krisztusban eltöltött életünkhöz, Isten megengedte, hogy leírják ezeket a Bibliában (Máté 5:17-19).

Az áldozással kapcsolatos törvényeket az ószövetségi időkből nem kell kidobni az újszövetségi időkben. Ahogy ez minden törvényre igaz, az Ószövetségben lévő törvényeket is teljesítette Jézus az Újszövetségben. Az Ószövetség szerint leírt áldozási törvények be vannak ágyazva a modern istentiszteletbe a szentélyben, és az ószövetségi áldozás jelen van a modern istentisztelet eljárásaiban. Ha már pontosan megértettük a szabályokat, amelyek az Ószövetségben vannak, valamint a jelentőségüket, képesek leszünk rövid úton elérni az áldást, amely által találkozunk Istennel, és megtapasztaljuk, hogy miként lehet imádni és szolgálni Őt helyesen.

A Leviták könyve Isten Igéjének az a része, amely érvényes ma is mindazoknak, akik hisznek Benne. Ennek az okát látjuk az 1

Péter 2:5-ben: *"Ti magatok is mint élő kövek épüljetek fel lelki házzá, szent papsággá, hogy lelki áldozatokkal áldozzatok, a melyek kedvesek Istennek a Jézus Krisztus által,"* bárki, aki üdvözült Jézus Krisztus által, Isten elé mehet, ahogy az Ótestamentum idején tették a papok.

A 3 Mózes két részre osztható. Az első rész elsősorban arra összpontosít, hogyan nyernek a bűneink bocsánatot. Ez alapvetően az áldozás törvényeit rögzíti, amely által a bűneink bocsánatot nyerhetnek. A képesítéseket és felelősséget is leírja, amely a papok részéről engedhetetlen ahhoz, hogy az emberek áldozatot tudjanak felmutatni Istennek. A második rész részletesen leírja a bűnöket, amelyeket Isten kiválasztott, szent népének soha nem szabad elkövetnie. Összefoglalva, minden hívőnek meg kell tanulnia Isten akaratát, ahogy Mózes 3. könyvében található, amely hangsúlyozza: hogyan lehet fenntartani a szent kapcsolatot Istennel.

Az áldozás törvényei a Leviták könyvében megmagyarázzák számunkra, hogyan kell imádni. Ahogy találkozunk Istennel és fogadjuk a válaszait és áldását az imádat cselekedeteivel, az Ószövetség idején az emberek megkapták a bűnök bocsánatát, és megtapasztalták Isten munkáját az áldozatok által. Azonban Jézus Krisztus után a Szentlélek költözött belénk, és lehetőség nyílt számunkra, hogy közösségben éljünk Istennel, hogy imádjuk Őt lélekben és igazságban, a Szentlélek munkáinak közepette.

A Zsidók 10:1 ezt mondja nekünk: *"Minthogy a törvényben a jövendő jóknak árnyéka, nem maga a dolgok képe van meg,* ennélfogva azokkal az áldozatokkal, a melyeket esztendőnként szünetlenül visznek, sohasem képes tökéletességre juttatni az odajárulókat." Ha van egy forma, akkor van egy árnyéka is ennek a formának. Ma a „forma" az a tény, hogy imádhatunk Jézus Krisztus által, míg az ószövetségi időkben, az emberek az áldozatok által—amelyek az árnyékot képezték ily módon— megtartották a kapcsolatot Istennel.

Felajánlani áldozatunkat Istennek az Ő szabályai szerint kell; Isten nem fogadja el a felkínált imádatot egy olyan személytől, aki a saját módján kínálta fel azt. A Genezis 4-ben azt látjuk, hogy míg Isten elfogadta az Ábel által felkínált áldozatot, aki követte Isten akaratát, nem volt tekintettel Káin áldozatára, aki a saját módszerei szerint kínált fel áldozatot.

Ugyanígy van istentisztelet, amellyel Istennek örömöt okozunk, és van olyan imádat is, amely tévútra megy az Ő szabályaihoz képest, így lényegtelenné válik Istennek.

Mózes harmadik könyvében megtalálhatjuk a gyakorlati információkat arról, hogy milyen az istentisztelet, amelyen keresztül tudjuk fogadni Isten válaszát és áldását, és amellyel elégedett Ő.

## 2. Isten behívta Mózest a gyülekezet sátorába

A Leviták könyve 1:1 ezt tartalmazza: *„Szólítá Mózest és beszéle vele az Úr a gyülekezet sátorából, mondván..."* A gyülekezet sátra egy mobil szentély, amely lehetővé tette Izrael népének a gyors mozgását a vadonban, és ez az a hely, ahol Isten hívta Mózest. A gyülekezet sátra arra a hajlékra utal, amely a szentélyből és a Szentek Szentjéből áll (Exodus 30:18, 30:20, 39:32, és 40:2). A hajlékra, valamint a függönyökre is vonatkozhat együttesen, amelyek a sátrak körül vannak (Számok 4:31, 8:24).

A kivonulás után, és a Kánaán földje felé vezető úton Izrael népe hosszú ideig a vadonban volt, és állandóan haladnia kellett. Ebből az okból a templom, ahol felajánlásokat tettek Istennek, nem lehetett egy állandó alapon, hanem egy olyan hajlék volt, amelyet könnyen lehetett mozgatni. Emiatt, a szerkezetet „sátortemplomnak" is nevezik.

Az Exodus 35-39-ben specifikus részleteket találunk a hajlék felépítéséről. Isten maga adott Mózesnek részletes leírást a szerkezetről, és a felhasználható anyagokról az építkezés során. Amikor Mózes elmondta a gyülekezetnek a szükséges anyagok listáját, szívesen odahoztak olyan hasznos anyagokat, mint az arany, ezüst, bronz, különféle köveket, kék, lila és vörös anyagokat, és finom vásznakat; hoztak kecskeszőrt, delfinbőrt, annyit, hogy Mózes kénytelen volt visszatartani az embereket attól, hogy még többet hozzanak (Exodus 36:5-7).

A templom a gyülekezeti tagok által önként felajánlott ajándékokból épült. Az izraeliták számára, akik – miután elhagyták Egyiptomot – a Kánaán felé vették az útjukat, a templom felépítése nem lehetett olcsó dolog. Nem volt otthonuk, és földjeik sem. A földművelés által nem tudtak vagyont felhalmozni. Mivel ígéretet kaptak Istentől, aki azt mondta nekik, hogy Ő fog közöttük lakni, ha elkészítik Neki a tartózkodási helyét, Izrael népe minden költséget és erőfeszítést örömmel és boldogsággal viselt.

Izrael népe számára, amely régóta szenvedett a súlyos visszaélések és fáradságos munka miatt, az egyik dolog, amelyre nagyon szomjazott, jobban, mint bármi másra, a felszabadulás lett volna a rabszolgaság alól. Ennélfogva, miután kiszabadította őket Egyiptomból, Isten megparancsolta nekik, hogy építsék meg a templomot, hogy közöttük lakozhasson. Izrael népének nem volt oka, hogy késlekedjen, és a templom így hamar megépült; az alapja a zsidók örömteli elkötelezettsége lett.

Belépéskor nyomban a „szentélyt" látjuk, míg ez után van a „Szentek Szentje." Ez a legszentebb hely. A Szentek Szentje otthont ad a bizonyság ládájának (a frigyládának). Az a tény, hogy a bizonyság ládája, mely tartalmazza Isten Igéjét, a Szentek Szentjében van, emlékeztet Isten jelenlétére. Míg a templom teljes egészében egy szent hely, mint az Isten háza, a Szentek Szentje egy teljesen elkülönített hely, és a legszentebb helynek tekinthető. Még a főpap is csak egyszer mehetett be a Szentek Szentjébe évente, és ez az alkalom az volt, amikor bűnáldozatot hoztak az Istennek az emberekért. Hétköznapi emberek nem mehettek be ide. Ez azért van, mert a bűnösök soha nem mehetnek Isten elé.

Mégis, a Jézus Krisztus által mindannyian megszereztük a kiváltságot, hogy képesek legyünk Isten elé menni. A Máté 27:50-51 olvasunk *„Jézus pedig ismét nagy fenszóval kiáltván,* kiadá lelkét. És ímé a templom kárpítja fölétől aljáig ketté hasada; és a föld megindula, és a kősziklák megrepedezének." Amikor Jézus felajánlotta magát a kereszten, hogy mindannyiunkat megszabadíthasson a bűneinktől, a fátyol, amely köztünk és a Szentek Szentje között volt, kettéhasadt. A Zsidók 10:19-20 ezzel kapcsolatban ezt mondja: *„Mivelhogy azért atyámfiai bizodalmunk van a szentélybe való bemenetelre a Jézus vére által, Azon az úton, a melyet ő szentelt nékünk új és élő [út] gyanánt, a kárpit, azaz az ő teste által."* Az, hogy a fátyol elszakadt, ahogy Jézus feláldozta a testét a halálban azt jelenti, hogy a bűn fala, amely Isten és köztünk van, összeomlik. Aki hisz Jézus Krisztusban, bűnbocsánatot kaphat, és ráléphet az útra, amelyet már előkészítettek, és a Szent Isten elé állhat. A múltban csak a papok mehettek Isten elé, de ma már közvetlen és bensőséges kapcsolatba kerülhetünk Vele.

### 3. A gyülekezet sátrának spirituális jelentősége

Az 1 Korinthusiak 6:19 erre emlékeztet bennünket: *„Avagy nem tudjátok-é, hogy a ti testetek a bennetek lakozó Szent Léleknek temploma, a melyet Istentől nyertetek; és nem a magatokéi vagytok?"* Milyen jelentősége van a gyülekezet sátrának számunkra ma? A gyülekezet sátra a templom, ahol a hívők imádnak ma, a Szentély a hívők testülete, akik elfogadták az Urat, és a Szentek Szentje a szívünk, ahol a Szentlélek lakozik. Miután elfogadtuk Jézust, mint Megváltónkat, a Szentlélek megadatott nekünk, mint Isten ajándéka. Mivel a Szentlélek bennünk lakozik, a szívünk és a testünk egy szent templomnak tekinthető.

Ezt is találjuk az 1 Korinthusiak 3:16-17-ben: *"Nem tudjátok-é, hogy ti Isten temploma vagytok, és az Isten Lelke lakozik bennetek? Ha valaki az Isten templomát megrontja, megrontja azt az Isten. Mert az Istennek temploma szent, ezek vagytok ti."* Ahogy meg kell tartanunk a látható Isten templomát tisztának és szentnek minden alkalommal, úgy a test és a szív templomát is tisztának és szentnek kell megőriznünk mindenkor, a mert ez a Szentlélek lakóhelye.

Azt olvassuk, hogy Isten el fogja pusztítani azt, aki elpusztítja az Isten templomát. Ha valaki Isten gyermeke, és elfogadta a Szentlelket, de továbbra is pusztítja önmagát, a Szentlélek kialszik benne, és nem lesz megváltás az adott személy számára. Csak akkor, ha a templomot, amelyben a Szentlélek lakozik, megtartjuk szentnek a magatartásunkkal és a szívünkkel, érjük el a teljes üdvösséget, és lesz közvetlen és bensőséges kapcsolatunk Istennel.

Ezért az a tény, hogy Isten Mózest a gyülekezeti sátorba hívta azt jelenti, hogy a Szentlélek szólít bennünket belülről, és keresi a közösséget velünk. Természetes, hogy Isten gyermekei, akik üdvösséget kaptak, közösségben legyenek Isten Atyával. Imádkozniuk kell a Szentlélek által, és imádniuk kell lélekben és igazságban, intim közösségben az Istennel.

Az emberek az ószövetségi időkben nem tudtak közösségben

élni a szent Istennel a bűneik miatt. Csak a főpap léphetett be a Szentek Szentje hajlékába, és kínálhatta fel az áldozatát a nép nevében. Ma Isten minden gyermeke beléphet a Szentélybe, hogy imádja Őt, imádkozzon Hozzá, és Istennel közösségben legyen. Ez azért van, mert Jézus Krisztus megváltott minket minden bűntől.

Amikor elfogadtuk Jézus Krisztust, a Szentlélek a szívünkbe költözött, és a Szentek Szentjeként tekint ránk. Sőt, ahogy Isten Mózesnek kiáltott a gyülekezet sátrából, a Szentlélek hív minket is a szívünk mélyéről, és azt kéri, hogy közösségben legyünk vele. Ha meghalljuk a Szentlélek hangját, és megkapjuk az ő irányítását, ő elvezet bennünket, hogy az igazságban éljünk és megértsük az Istent. Annak érdekében, hogy meghalljuk a Szentlélek hangját, el kell dobnunk a bűnt és a gonoszságot a szívünkből, és szentté kell válnunk. Amint elértük a megszentelődést, képesek leszünk meghallani a Szentlélek hangját világosan, és bőséges áldások érnek majd bennünket lélekben és testben.

## 4. A gyülekezet sátrának alakja

A gyülekezet sátorának az alakja nagyon egyszerű. Be kell menni a kapun, amelynek a szélessége körülbelül kilenc méter (körülbelül 29,5 láb), és a templom keleti részén van. Amikor belépünk a templom terébe, az égőáldozat oltárát látjuk meg, ami bronzból készült. Az oltár és a szentély között van egy

# A gyülekezet sátrának szerkezete

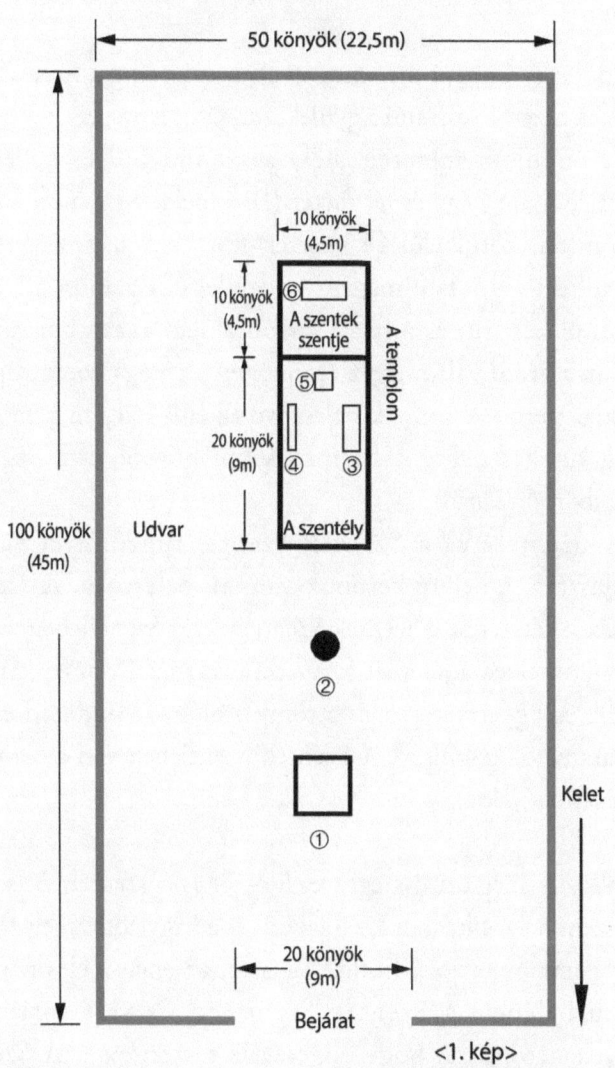

<1. kép>

**Dimenziók**
Udvarok: 100 x 50 x 5 könyök
Bejárat: 20 x 5 könyök
A templom: 30 x 10 x 10 könyök
A szentély: 20 x 10 x 10 könyök
A szentek szentje: 10 x 10 x 10 könyök
(* 1 könyök = kb. 17,7 hüvelyk)

**Szerszámok**
① Az égőáldozat oltára
② A mosdó
③ A jelenlét kenyerének asztala
④ Egy színarany lámpatartó
⑤ A tömjén oltára
⑥ A szövetség ládája (frigyláda)

mosdó vagy ünnepi medence, ezeken túl pedig a Szentély és a Szentek Szentje van, ami a gyülekezeti sátor lényege.

A templom méretei, mely a szentélyből és a Szentek Szentjéből áll: négy és fél méter (körülbelül 14,7 méter) széles, 13,5 méter (körülbelül 44,3 méter) hosszú, és négy és fél méter (körülbelül 14,7 láb) magas. Az épület egy alapon áll, amely ezüstből készült, és a falak tartóoszlopai akácfából vannak, bevonva arannyal, míg az épület tetejét négy réteg függöny borítja. Kerubok vannak beleszőve az első rétegbe, a második réteg kecskeszőrből, a harmadik kos bőrből, és a negyedik delfinbőrből készült.

A Szentély és a Szentek Szentje függönnyel vannak elválasztva, amelyre kerubok vannak beleszőve. A szentély mérete a kétszerese a Szentek Szentjének. A Szentélyben van egy asztal, amelyre a jelenlét kenyerét, azaz az áldozati kenyeret tették, egy gyertyatartó, és a tömjén oltára. Mindezen elemek színaranyból készültek. A Szentek Szentjében van a bizonyság ládája (a frigyláda).

Nézzük meg ezt összegezve. Először is, a szentély belsejében egy szent hely volt, ahol Isten lakott, és a frigyláda, amely fölött a kegyelemtrónus volt. Évente egyszer, az engesztelés napján a főpap belépett a Szentek Szentjébe, és vért spriccelt a kegyelemtrónusra, hogy engesztelést szerezzen. A Szentek Szentjében mindent színarany díszített. A frigyládában van a két kőtábla, amelyre a Tízparancsolat van írva, egy üveg, amelyben manna van, és Áron vesszeje, amely kirügyezett.

# Kép

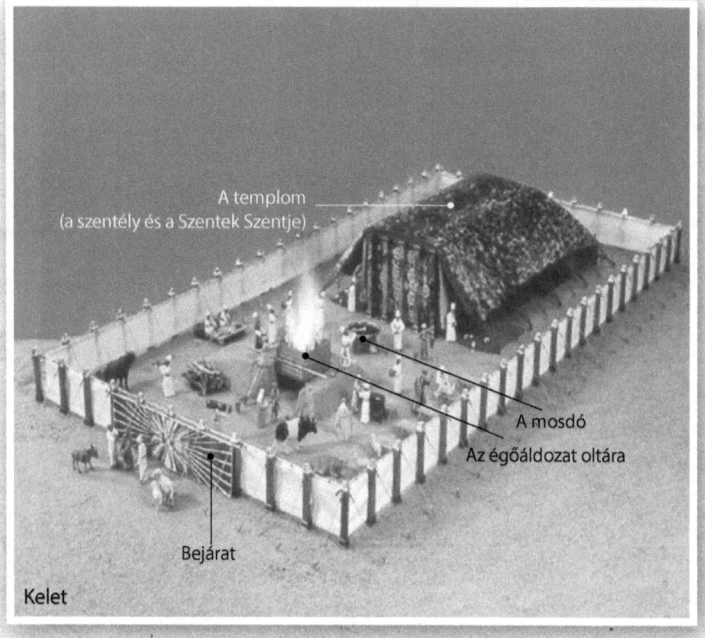

<2. kép>

**A gyülekezet sátrának panorámája**

A égőáldozat oltárának udvarában (Mózes 30:28), egy mosdó (Mózes 30:18), és a tabernákulum (Mózes 26:1, 36:8) fölött, finom sodrott lenből készült anyag lógott. Csak egy bejárat van, a tabernákulum keleti részén (Mózes 27:13-16), és ez Jézus Krisztust jelképezi, aki az egyetlen ajtó az üdvösséghez.

# Kép

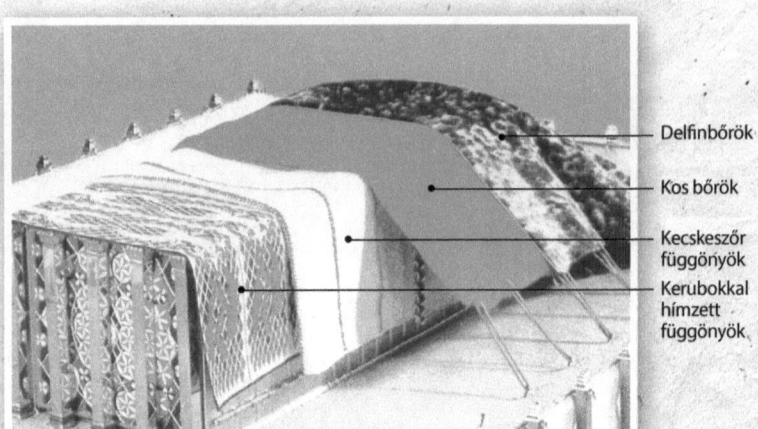

<3. kép>

## A templom takarói

Négy réteg takarja a templomot.
Alul függönyök vannak, melyekre kerubokat hímeztek, ezeken kecskeszőrből készült függönyök vannak, ezeken a kos bőrből készült függönyök vannak, és a legtetején van a delfin bőréből készült függöny. A 3. képen látható függönyök esetében minden réteg látható. Ha a burkolatokat leszedik, láthatóak a függönyök a szentély számára, a szentély előtt, és mögöttük, a füstölő oltár és a függönyök a Szentek Szentje részére.

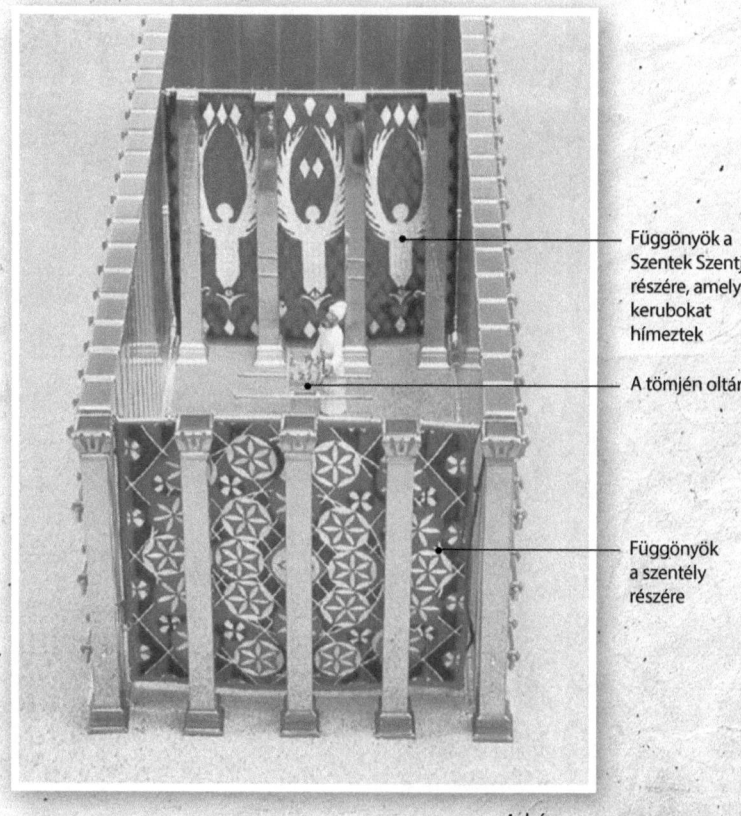

<4. kép>

## A szentély, függönyök nélkül

Az előtérben vannak a szentély függönyei, és mögöttük látható a tömjén oltára, és a Szentek Szentje függönyei.

# Kép

<5. kép>

**A templom belseje**

A szentély központjában a színaranyból készült gyertyatartó van (Exodus 25:31), a jelenlét kenyerének asztala (Exodus 25:30), és hátul a tömjén oltára (Exodus 30:27).

<6. kép>

A tömjén oltára

<7. kép>

A jelenlét kenyerének asztala

<8. kép>

A gyertyatartó

# Kép

<9. kép>

## A Szentek Szentje belsejében

A szentély hátsó falát eltávolították, hogy a Szentek Szentje belseje látható legyen. Látható a frigyláda, a kegyelem széke, és a Szentek Szentje függönye hátul. Évente egyszer, a főpap fehérbe öltözve belép a Szentek Szentjébe, és szétlocsolja a bűnért felajánlott áldozat vérét.

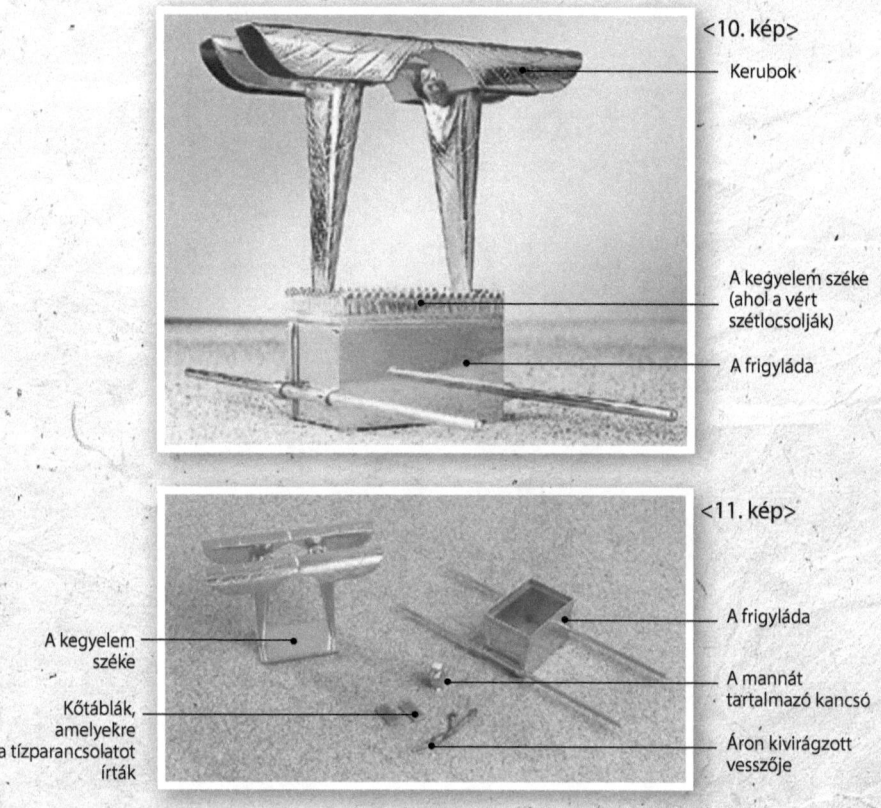

## A frigyláda és a kegyelem széke

A Szentek Szentjében van a bizonyság ládája, mely színaranyból készült, és ennek a tetején a kegyelem széke. A kegyelem széke a bizonyság ládájának borítójára utal (3 Mózes 25:17-22); itt locsolják szét a vért egyszer egy évben. A kegyelem székének két végénél van két kerub, akiknek a szárnyai kiterjednek a szék fölé (3 Mózes 25:18-20). A bizonyság ládájában vannak a kövek, amelyekre a Tízparancsolat van írva, egy üveg, amelyben manna van, és Áron botja, amely kirügyezett.

# Kép

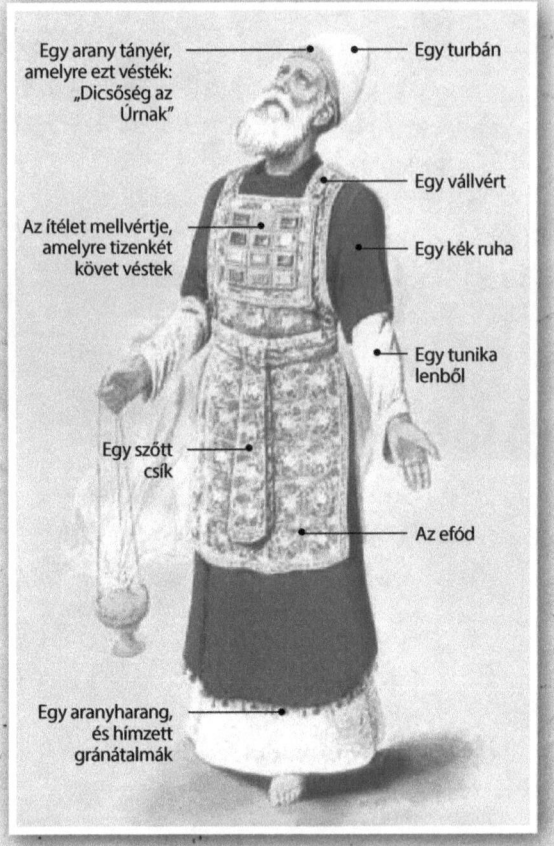

<12. kép>

## A főpap ruházata

A főpapot bízták meg a Templom gondozásával és felügyeletével, az istentiszteletek ellenőrzésével, és évente egyszer belépett a Szentek Szentjébe, hogy egy áldozatot mutasson be Istennek. Akiből főpap lett, szüksége volt arra, hogy a birtokába legyen az Urim és a Tummim. Ez a két kő, amelyeket arra használtak, hogy Isten akaratát megkeressék, került a mellvértre, az efód tetejére, amelyet a pap viselt. Az „Urim" a fényeket jelenti, és a „Tummim" a tökéletességet.

A szentélybe ment be a pap, hogy áldozatot kínáljon fel, és itt volt a tömjénoltár, a gyertyatartó, valamint egy asztal a kenyérnek, mindegyik aranyból. Harmadszor, a mosdómedence bronzból készül. A papok ebben mosták meg a kezüket és a lábukat, mielőtt beléptek a Szentélybe, vagy a főpapok a Szentek Szentjébe. Negyedszer, az égőáldozat oltárára bronzból készült, és elég erős volt ahhoz, hogy ellenálljon a tűznek. A tűz az oltáron „Úr előtti részről jött ki," (3 Mózes 9:24). Isten azt is megparancsolta, hogy a tűz az oltáron folyamatosan égve maradjon, soha ne aludjon ki, és minden nap egy kétéves bárányt áldozzanak fel rajta (1 Mózes 29:38-43, 3 Mózes 6:12-13).

## 5. A tulkokkal és bárányokkal történő áldozat spirituális jelentősége

A Leviták könyvének 1:2 részében, Isten ezt mondta Mózesnek: *„Szólj Izráel fiainak, és mondd meg nékik: Ha valaki közületek áldozni akar az Úrnak: barmokból, tulok- és juhfélékből áldozzatok."* Az istentiszteletek alatt, Isten gyermekei különböző felajánlásokat tesznek Neki. Amellett, hogy a tizedet fizetik, vannak felajánlások, beleértve hála- az építés- és a megkönnyebbülés-áldozatokat. Mégis, Isten megparancsolja, hogy ha valaki felajánlást tesz Neki, a felajánlás „az állományhoz, illetve a nyájhoz tarozó állat" legyen. Mivel ez a vers spirituális jelentőséget hordoz, nem kell azt tenni, amit a vers szó szerint parancsol, hanem először meg kell érteni a szellemi jelentőségét, majd Isten akarata szerint kell cselekedni. Milyen spirituális jelentése van az állományhoz tartozó állatok felajánlásának? Ez azt jelenti, hogy Istent lélekben és igazságban imádnunk kell, és fel kell ajánlanunk magunkat, mint élő és szent áldozatot. Ez a „szellemi istentisztelet" (Róma 12:1). Mindig ébernek kell maradnunk az imában, és szent módon kell viselkedjünk Isten előtt nem csak az istentiszteleteken, hanem a mindennapi életünkben is. Akkor az imádatunk, és minden felajánlásunk eljut Istenhez, aki úgy tekinti majd, mint spirituális szolgálatot.

Miért parancsolta meg Isten Izrael népének, hogy ajánljanak fel Neki bikákat és bárányokat? A bikák (tulkok) és a bárányok a legmegfelelőbb módon képviselik Jézust, aki békeáldozattá vált, hogy az üdvösséget megszerezze az emberiség számára. Engedjék meg, hogy megvizsgáljuk a hasonlóságokat a „tulkok" és Jézus között.

**1) A tulkok hordozzák az emberek terheit.**

Ahogy a tulkok viselik az ember terheit, Jézus is elviselte a bűn terhét. A Máté 11:28 ezt mondja: *"Jőjjetek én hozzám mindnyájan, a kik megfáradtatok és megterheltettetek, és én megnyugosztlak titeket."* Az emberek arra törekszenek, és mindent megtesz annak érdekében, hogy gazdagság, becsület, tudás, hírnév, presztízs és hatalom legyen a birtokukban, és minden más, amire vágynak. A különböző terhekre ráadásul, az embert a bűn is terheli, és megpróbáltatások, erőpróbák és gyötrelem közepette él.

Nos, Jézus felvette az élet terheit azzal, hogy áldozattá vált, az engesztelés vérét kivérezte, és keresztre feszítették egy fakereszten. Az Úrba vetett hitével, az ember képes kirakni minden bajt és terhet, és élvezni a békét és a pihenést.

**2) A tulkok nem okoznak gondot az embernek, csak hasznot hoznak neki.**

A tehenek nem csak munkát kínálnak az embernek, engedelmességben, hanem tejet, húst adnak neki, és bőröket. A fejétől a patájáig, nincs olyan része a tuloknak, amely használhatatlan lenne. Jézus is csak hasznot hozott az embereknek. Azzal, hogy a mennyországról tanúskodott a szegények, a betegek, és az elhagyottak részére, vigaszt és reményt adott nekik, meglazította a gonoszság láncait, és meggyógyította a betegségeket és gyengeségeket. Még ha nem is tudott aludni vagy enni, Jézus mindent megtett, hogy megtanítsa Isten Igéjét, még az utolsó léleknek is, a legjobb módon, ahogy csak tudott. Azáltal, hogy az életét feláldozta, és megfeszítették, Jézus megnyitotta az utat az üdvösséghez, még a bűnösöknek is, akiket a pokolba szántak.

**3) A tehenek a húsukkal élelmet szolgálnak az ember számára.**

Jézus az embernek adta a testét és a vérét, hogy az ember kenyeret készíthessen belőlük. A János 6:53-54-ben ezt mondja nekünk: *„Monda azért nékik Jézus: Bizony, bizony mondom néktek: Ha nem eszitek az ember Fiának testét és nem*

*iszszátok az ő vérét, nincs élet bennetek. A ki eszi az én testemet és iszsza az én véremet, örök élete van annak, és én feltámasztom azt az utolsó napon."*
Jézus Isten Igéje, amely a világra eljött, megtestesülve. Ezért az evéssel Jézus húsát esszük, és az ő vérét isszuk, valamint az Isten Igéjét kamatoztatjuk, ha eszerint élünk. Ahogy az ember csak úgy élhet, hogy eszik és iszik, örök életet csak akkor nyerhetünk, ha az Isten Igéjéből kenyeret sütünk.

**4) A tulkok felszántják a földet, és termőfölddé alakítják.**
Jézus műveli az ember szívterületét. A Máté 13-ban egy példázatot találunk, amely összehasonlítja az ember szívét négy különböző típusú termőfölddel: egy út menti, egy sziklás, egy tüskés területtel, valamint a jó termőfölddel. Mivel Jézus megváltott minket minden bűnünktől, a Szentlélek lakóhelye a szívünk lett, és Ő erőt ad nekünk. A szívünket át lehet alakítani jó termőfölddé a Szentlélek segítségével. Mivel bízunk a Jézus vérében, aki lehetővé tette számunkra, hogy bocsánatot nyerjünk minden bűnünk alól, és szorgalmasan engedelmeskedjünk az igazságnak, a szívünk átalakul termékeny, gazdag és jó talajjá, és képesek leszünk fogadni az áldást lélekben, és húsz, harmincmeg százszor annyit fogunk learatni, mint amennyit elvetettünk.

Milyen hasonlóság van a bárányok és Jézus között?

**1) A bárányok jámborak.**
Ha alázatos vagy szelíd emberről beszélünk, általában a

bárány szelídségéhez hasonlítjuk őt. Jézus a legkíméletesebb minden ember közül. Jézusról ezt mondja Ézsaiás 42:3: *„Megrepedt nádat nem tör el, a pislogó gyertyabelet nem oltja ki, a törvényt igazán jelenti meg."* Még a gonosztevőkkel és a perverzekkel, vagy azokkal, akik megtértek ugyan, de többször visszaesnek a bűnbe, még velük is: Jézus türelmes végig, és megvárja, hogy elforduljanak a bűneiktől. Míg Jézus az Isten, a Teremtő Fia volt, és megvolt a hatalma, hogy elpusztítsa az egész emberiséget, türelmes maradt velünk, és megmutatta az Ő szeretetét akkor is, amikor a gonosztevők keresztre feszítették Őt.

2) A bárány engedékeny.

A bárány követi engedelmeskedve a pásztorát, és akkor is engedelmes, ha éppen megnyírják. Ahogy a 2 Korinthusiak 1:19 tartalmazza: *„Mert az Isten Fia Jézus Krisztus, a kit köztetek mi hirdettünk, én és Silvánus és Timótheus, nem volt igen és nem, hanem [az] igen lett Ő benne."* Jézus nem ragaszkodott a saját akaratához, hanem továbbra is engedelmes maradt Istenhez, egészen a haláláig. Egész életében, Jézus csak akkor ment bárhová, amikor Isten mondta neki, és csak azt tette, amit Isten kívánt tőle. Bár tudott a közelgő gyötrelemről a kereszten, engedelmeskedve elviselte azt, annak érdekében, hogy megvalósítsa az Atya akaratát.

3) A bárány tiszta.

Itt, a bárány egy egyéves berbécs, amelyet még nem fedeztettek (Exodus 12:5). Egy bárány ebben a korban olyan, mint egy aranyos és tiszta ember fiatal korában – vagyis az ártatlan és makulátlan, mint Jézus. A bárányok szőrmét, húst, tejet adnak, és soha nem ártanak, csak az emberek javát szolgálják. Mint korábban említettük, Jézus felajánlotta a húsát és a vérét, és teljesen feláldozta magát értünk. Teljes engedelmességben az Atya Istennel, Jézus teljesítette Isten akaratát, és lerombolta a bűnfalat Isten és a bűnösök között. Még ma is, Jézus folyamatosan ápolja a szívünket, hogy tiszta és termékeny talajjá változzon.

Ahogy az emberek megváltották a bűneiket a bikák és bárányok feláldozásával az ószövetségi időkben, Jézus felajánlotta magát, mint áldozat a kereszten, és örök megváltást hozott az ő vére (Zsidók 9:12). Mivel hiszünk ebben a tényben, meg kell értenünk, hogy Jézus Krisztus olyan áldozattá vált, amelyet Isten elfogadott, hogy mi is mindig hálásak maradhassunk Jézus Krisztus kegyelme és szeretete miatt, és hasonlítsunk az Ő életére.

Harmadik fejezet

## Az égőáldozat

„A belét pedig és lábszárait mossa meg vízben,
és füstölögtesse el a pap az egészet
az oltáron egészen égőáldozatul.
Ez a tűzáldozat kedves illatú az Úrnak."

Leviták 1:9

## 1. Az égőáldozat jelentősége

Az égőáldozat, mely az első áldozat, amelyet rögzítettek Mózes könyvében, a legrégebbi az összes áldozat közül. Az „égőáldozat" etimológiája az, hogy „hagyjuk, hogy felkeljen." Az égőáldozatot az oltárra rakták, és otthagyták, amíg teljesen elégette a tűz. Az ember teljes áldozatát, az odaadását, és az önkéntes szolgálatát jelképezi. Istennek kedvére tenni az illatos aromával, amely az égő állatból származott, az Istennek való áldozás leggyakoribb módszere volt, és a jele volt annak, hogy Jézus viselte a bűneinket, és felajánlotta magát, mint teljes áldozat. Ily módon illatos áldozatként jelent meg Isten előtt (Efezusiak 5:2).

Istennek tetszeni a felszálló illattal nem jelenti azt, hogy Isten érzékeli a felkínált állat illatát. Ez azt jelenti, hogy elfogadja az illatát annak a személynek a szívének, aki felajánlott Neki valamit. Isten azt vizsgálja, hogy az ember mennyire szereti Őt, és milyen szeretettel ajánlja fel az áldozatot Neki. Ezután megkapja a személytől az odaadását és szeretetét.

Egy állat megölése abból a célból, hogy az Istennek felajánlják, mint égő áldozatot, azt jelenti, hogy Istennek felajánljuk az életünket, és betartjuk azt, amit Ő parancsolt nekünk. Más szóval, a spirituális jelentősége az égőáldozatnak az, hogy teljesen Isten Igéjének megfelelően éljünk, és kínáljuk fel Neki az életünk minden részét, tiszta és szent módon.

A mai értelemben, ez a kifejezése annak az ígéretünknek, hogy az életünket Istennek szolgáljuk, az Ő akarata szerint, azzal, hogy meglátogatjuk az istentiszteleteket húsvétkor, a termés napján, a hálaadás ünnepén, karácsonykor, és minden vasárnap. Istent imádni minden vasárnap, és a vasárnap megtartása szentnek azt bizonyítja, hogy Isten gyermekei vagyunk, és hogy a lelkünk az Övé.

## 2. Áldozat az égőáldozatért

Isten megparancsolta, hogy az égőáldozat „egy hibátlan hím" kell hogy legyen, ami a tökéletességet szimbolizálja. Azért akarja, hogy, hímek legyenek, mert általában a férfiak inkább hűek az elveikhez, mint a nők. Nem ingadoznak ide-oda, balról jobbra, nem ravaszok, és nem haboznak. Továbbá az a tény, hogy Isten azt akarja, a felajánlás „hibátlan" legyen, azt jelenti, hogy lélekben és igazságban kell imádniuk Őt, és nem megtört lélekkel.

Ha a szüleinknek ajándékot adunk, boldogan elfogadják, ha gondoskodásunk és szeretetünk jeléül adjuk azt. Ha vonakodva adjuk, a szüleink nem tudják boldogan fogadni. Ugyanígy, Isten sem fogadja az imádatot, ha az örömtelen vagy fáradt, meggyötört vagy lusta. Örömmel elfogadja az imádatunkat, ha a szívünk mélyéről a mennyország utáni reménység tör fel, az üdvösség miatti hálánk, valamint az Úr iránti szeretetünk. Csak ekkor adja meg nekünk Isten a menekülési útvonalat a nyomorúság és megkísértés nehéz idején, és engedi meg, hogy mindenünk virágozzon.

A „fiatal tulok" a Leviták könyvének 1:5 részében,

amelyet Isten parancsára fel kellett áldozni, és amely még nem pározott, spirituális értelemben Jézus Krisztus tisztaságára és becsületességére vonatkozik. Ezért, ebben a versben Isten kívánságát látjuk, hogy Elé járuljunk, egy gyerek tiszta és őszinte szívével. Nem azt akarja, hogy gyerekesen, éretlenül viselkedjünk, hanem azt akarja, hogy egy gyerek szívére hasonlítsunk, aki egyszerű, engedelmes, és alázatos.

Egy fiatal ökör szarvai nem nagyok még, ezért nem tudnak sérteni, valamint nem a gonoszság jellemzi őket. Ezek Jézus Krisztus jellemzői is, aki gyöngéd, alázatos, és oly jámbor, mint egy gyermek. Mivel Jézus Krisztus Isten hibátlan és tökéletes Fia, egy áldozat, amit Neki ajánlanak fel, szintén ilyen kell hogy legyen.

A Malakiás 1:6-8-ban Isten szigorúan megfeddi Izrael népét, mert romlott és hibás áldozatot mutattak be Neki:

*„A fiú tiszteli atyját, a szolga is az ő urát. És ha én atya vagyok: hol az én tisztességem? És ha én úr vagyok, hol az én félelmem? azt mondja a Seregeknek Ura néktek, ti papok, a kik útáljátok az én nevemet, és [ezt] mondjátok: Mivel útáljuk a te nevedet? Megfertéztetett kenyeret hoztok oltáromra, és azt mondjátok: Mivel fertéztetünk meg téged? Azzal, mikor azt gondoljátok, hogy az Úrnak asztala megvetni való. Hogyha vakot hoztok áldozatul: Nem bűn-é [az?] vagy ha sántát hoztok és bénát: nem bűn-é [az?] Vidd csak azt a te fejedelmednek: vajjon*

*kedvvel fogad-é, avagy reád tekint-é? azt mondja a Seregeknek Ura."*

Istennek hibátlan, folttalan és tökéletes áldozatot kell bemutatnunk azzal, hogy az igazságban és lélekben Őt imádjuk.

## 3. A különböző áldozatok jelentősége

Az igazság és kegyelem Isten az ember szívét nézi. Ezért, Őt nem az áldozat mérete, értéke vagy ára érdekli, hanem a gondosság mértéke, amellyel minden ember meghozta az áldozatát, a körülményeinek megfelelően. Ahogy Ő mondja nekünk a 2 Korinthusiak 9:7-ben: *„Kiki a mint eltökélte szívében, nem szomorúságból, vagy kénytelenségből; mert a jókedvű adakozót szereti az Isten,"* Isten boldogan elfogadja, ha vidáman adunk Neki, a körülményeinknek megfelelően.

A Leviták 1-ben, Isten részletesen kifejti, hogy mennyire kell fiatalnak lennie a tuloknak, báránynak, kecskének vagy madárnak, amit felajánlanak. Míg a fiatal tulkok, amelyek hibátlanok, a legtökéletesebb áldozati égőállatok, vannak emberek, akik nem engedhetik meg ezeket maguknak. Ezért, az Ő kegyelmében és együttérzésében, Isten megengedte az embereknek, hogy bárányokat, kecskéket vagy galambokat áldozzanak fel, mindenki körülményei és ambíciói szerint. Mi ennek a spirituális jelentősége?

1) Isten elfogadja az áldozati állatokat, amelyeket mindenki a saját képességei szerint ajánl fel.

A pénzügyi képességek és körülmények minden embernél mások. Egy bizonyos pénzösszeg van, akinek kevés pénzt, de van, akinek sokat képvisel. Ezért Isten boldogan elfogadta a bárányokat, kecskéket, galambokat, amelyeket az emberek felajánlottak Neki, mindenki a maga képességei szerint. Ez Isten szeretete és igazsága, amellyel megengedte, hogy mindenki— függetlenül attól, hogy gazdag vagy szegény—részt vehet az áldozásban, a saját képessége szerint.

Isten nem fogad boldogan egy kecskét olyan valakitől, aki megengedhetett volna egy tulkot is. Azonban, Isten boldogan elfogad, és azonnal megválaszolja egy olyan ember szívbeli kívánságát, aki csak egy galambot tudott volna megengedni magának, de egy tulkot ajánlott fel. Függetlenül attól, hogy egy tulok, bárány, kecske vagy galamb lett az áldozat, Isten mindenikre azt mondta, hogy „lágy aromája" volt (Leviták 1:9, 13, 17). Ez azt jelenti, hogy bár van különbség az áldozat méretében, Isten számára, aki az ember szívét nézi, nincs különbség, mert Ő az aromát nézi.

A Márk 12:41-44-ben van egy jelenet, amelyben Jézus megdicsér egy szegény özvegyet, aki éppen áldozatot kínál fel. A két kis rézérme, amelyet ez a nő felajánlott, a legkisebb érték volt abban az időben, de neki mindene ez volt. Függetlenül attól, hogy milyen kicsi egy áldozat, ha Istennek a legjobb képességünk szerint adakozunk, boldogan, olyan áldozattá válik, amelyben Ő örömét leli.

2) Isten minden személy intellektusa szerint fogadja el az áldozatot.

Amikor az Igét hallgatjuk, a megértés és a kegyelem, amit innen kapunk, mindenki intellektusának, képzettségének, tudásának megfelelően más és más lesz. Még ugyanazon az istentiszteleten is, néhány emberrel összehasonlítva, akik okosabbak, és többet tanultak, mások, akiknek kevesebb az intellektusuk, valamint kevesebbet tanultak, nem emlékeznek olyan jól Isten szavára, és nem is értik meg oly mértékben azt. Mivel Isten tudja ezt, azt akarja, hogy mindannyian az intellektusunk keretein belül imádjuk Őt, a szívünk mélyéről, és értsük meg, valamint éljünk az Ő Igéje szerint.

3) Isten elfogadja az imádatot, mely minden ember korának és éleselméjűségének megfelelően történik.

Ahogy az emberek öregednek, a memóriájuk és felfogásuk gyengül. Ezért sok idősebb ember nem képes megérteni vagy emlékezni Isten szavára. Még így is, ha az imának szentelik magukat, komoly szívvel, Isten ismeri a körülményeiket, és boldogan elfogadja az imádatukat.

Emlékezz arra, hogy ha valaki a Szentlélek inspirációjára imád, Isten hatalma benne lesz akkor is, ha hiányzik belőle a bölcsesség vagy a tudás, vagy idős. A Szentlélek munkájával Isten megsegíti, hogy megértse az igét, és kenyérré változtassa azt. Ne add fel, mondva: „Nekem ez nem sikerül," „Elbuktam," de bizonyosodj meg róla, hogy a szíved mélyéről, minden erőfeszítést megtettél, és keresd Isten hatalmát. A szeretet Istene boldogan elfogadja azokat a felajánlásokat, amelyeket valaki a legjobb tudása szerint, a körülményeinek megfelelően tett meg. Ebből az okból kifolyólag meséli el oly részletesen a Leviták könyvében az égőáldozatok felajánlásának részleteit, és kiáltja ki az Ő igazságát.

## 4. Tulkok felajánlása (Leviták 1:3-9)

**1) Hibátlan tulkok a gyülekezet sátrának bejáratánál.**

A templomon belül van a Szentély és a Szentek Szentje. Csak egy pap mehetett be a Szentek Szentjébe, évente egyszer. Ezért a hétköznapi emberek, akik nem tudtak bemenni a Szentélybe, a gyülekezet sátrának bejáratánál áldozhatták fel a fiatal tulkaikat égőáldozat gyanánt.

Mivel azonban Jézus lerombolta a bűnfalat, amely ott állt Isten és köztünk, most már közvetlen és bensőséges kapcsolatot ápolhatunk Istennel. Az emberek az ószövetségi időkben a gyülekezet sátrának ajtajában mutatták be áldozataikat. Mivel a Szentlélek a szívünket az ő templomává alakította, és itt lakozik, valamint közösségben él ma velünk, mi, akik az újszövetségi időkben élünk, megkaptuk a jogot, hogy Isten elé mehessünk a Szentek Szentjébe.

**2) És tegye kezét az égőáldozat fejére, hogy engesztelést szerezzen az ő számára.**

A Leviták 1:4-től ezt olvassuk: *„És tegye kezét az égőáldozat fejére, hogy kedves legyen ő érette, hogy engesztelést* *szerezzen az ő számára. És ölje meg a tulkot az Úr előtt."* Az égőáldozat fejére tenni a kezet azt szimbolizálja, hogy az ember bűneit ráfogja a felajánlott állatra, és csak ez után adja meg az Isten a bűnbocsánatot az égőáldozat vére által.

A kéz ráfektetése amellett, hogy a bűnt elvezeti, áldást és kenetet is jelent. Tudjuk, hogy Jézus rátette a kezét egy emberre, amikor megáldotta a gyermekeket vagy a betegeket, vagy meggyógyította a betegeket a betegségekből. A kézrátétel által, az apostolok szétosztották a Szentlelket az emberek között, és az ajándékok még bőségesebbek lettek. Továbbá, a kézrátétel azt is jelenti, hogy a tárgyat átadták Istennek. Amikor a lelkész ráteszi a kezét a különböző felajánlásokra, azt jelzi, hogy ezeket felajánlották Istennek.

Az istentiszteleten a záró áldás, vagy a Miatyánk az istentisztelet vagy az ima-összejövetel végén – célja, hogy Isten örömmel fogadja ezeket az istentiszteleteket vagy találkozókat. A 3 Mózes (Leviták könyve) 9:22-24-ben van egy olyan jelenet, amelyben Áron főpap *"felemelte a kezét a népre, és megáldotta őket,"* miután az Istennek felajánlották a bűn- és égőáldozatot, aszerint, ahogyan Isten azt utasította. Miután megtartottuk az Úr napját szentnek, és áldással lezártuk az istentiszteletet, Isten megvéd bennünket az ellenséges ördögtől és a Sátántól, valamint a kísértéstől és megpróbáltatástól, és lehetővé teszi, hogy élvezzük a túlcsorduló áldásait.

Mit jelent az ember számára, hogy megöl egy fiatal hím tulkot, mely hibátlan, és felajánlja égő áldozatul? Mivel a bűn zsoldja a halál, az ember a saját nevében megölte az állatokat. Egy fiatal bika még nem volt fedeztetve, és olyan imádnivaló, mint egy ártatlan gyermek. Isten azt akarta, hogy minden személy, aki az égőáldozatot felajánlotta, olyan szívvel tegye, mint egy ártatlan gyermek, és soha ne kövesse el a bűnöket újra. E célból akarta azt is, hogy minden ember megbánja a bűneit, és feloldja a szívét.

Pál apostol is tisztában volt azzal, hogy mit akar Isten, és ezért—még az után is, miután megkapta a bocsánatot a bűneiért, valamint a tekintélyt és hatalmat, mint Isten gyermeke— „naponta meghalt." Ezt vallotta az 1 Korinthusiak 15:31-ben: *„Naponként halál révén állok. A veletek való dicsekedésre [mondom,] mely van nékem a Krisztus Jézusban a mi Urunkban."* Fel tudjuk ajánlani a testünket, mint szent és élő áldozatot Istennek, de csak miután már levetettünk mindent, ami Isten ellen van, mint például a szív hazugságai, az arrogancia, kapzsiság, a saját gondolataink keretei, a saját igazságunkba vetett hitünk, és minden mást, ami gonosz.

**3) A pap vérrel locsolja meg az oltár körüli területet.**

Miután megölte a fiatal tulkot, amelyre a személy bűneit, aki a felajánlást tette, ráróttak, a pap a vért az oltár körüli területen körüllocsolja, a gyülekezet sátorának ajtajában. Ez azért van, mert – amint a Leviták könyvének 17:11 részében olvassuk: *„Mert a testnek élete a vérben van, én pedig az oltárra adtam azt néktek, hogy engesztelésül legyen a ti életetekért, mert a vér a benne levő élet által szerez engesztelést."* A vér az élet jelképe.

Ugyanebből az okból, Jézus kiontotta a vérét, hogy bennünket a bűneinktől megszabadítson.

„Az oltár körül" a keleti, nyugati, északi és a deli irányt jelenti, vagy még egyszerűbben, „amerre az ember megy." A vér szétlocsolása „az oltár körül" azt jelenti, hogy az ember bűnei bocsánatot nyernek, bárhol is járjon. Ez azt jelenti, hogy megkapjuk a bűnök bocsánatát, bármilyen módon követtük el azokat, és elfogadjuk az irányt, amit Isten kijelöl a számunkra, távol tartjuk magunkat attól az iránytól, amelyet biztosan kerülnünk kell.

Ez ugyanaz ma is. Az oltár a szószék, amelyről Isten Igéjét kihirdetik, és az Úr szolgája szerepét, aki vezeti az istentiszteletet, az a pap játssza, aki locsolja a vért. Az istentiszteleteken halljuk Isten Igéjét, és a hit által, és mivel az Urunk vére felhatalmazott bennünket, bocsánatot nyerünk mindenért, amit tettünk, és amely ellentétes az Isten akaratával. Ha egyszer már bocsánatot nyertünk a bűnök alól a vér által, csak oda kell mennünk, ahová Isten akarja, hogy menjünk, annak érdekében, hogy mindig távol maradjunk a bűntől.

4) Az égőáldozat megnyúzása és feldarabolása.

Az állatot, amelyet felajánlanak égőáldozatként, először megnyúzzák, majd teljesen elégetik a tűzön. Az állatbőrök kemények, nehéz teljesen elégetni őket, és amikor elégtek, a szaguk rossz. Ezért ahhoz, hogy az állat nyugtató aromájú áldozat legyen, először meg kellett nyúzni. A mai istentiszteletek milyen szempontból hasonlítanak ehhez a folyamathoz?

Isten megszagolja annak a személynek az illatát, aki imádja Őt, és nem fogad el semmit, ami nem illatos. Annak érdekében, hogy az imádat nyugtató aromájú legyen Istennek, „le kell vetnünk a látszatot, amelyet befestett a világ, és Isten elé isteni és szent módon kell járulnunk." Egész életünkben találkozunk különböző helyzetekkel, amelyek nem tekinthetők bűnösnek Isten előtt, de korántsem isteniek vagy szentek. Az ilyen világi látszatok, amelyek már léteztek bennünk, még a Krisztus előtti életünkben, továbbra is bennünk maradhatnak, így az extravagancia, hiúság, és a dicsekedés is előtérbe kerülhet néha.

Például egyes emberek szeretnek piacra vagy áruházakba járni, a kirakatokat nézni, és rendszeresen vásárolnak. Mások a televízió vagy a videojátékok rabjai. Ha a szívünket az ilyen dolgok rabul ejtik, elhatárolódunk Isten szeretetétől. Továbbá, ha megvizsgáljuk magunkat, képesek leszünk megtalálni a valótlanságokat magunkban, olyan látszatokat, amelyeket bepiszkított a világ, és olyan látszatokat is, amelyek tökéletlenek Isten előtt. Annak érdekében, hogy Isten előtt tökéletesek legyünk, ezektől meg kell szabadulnunk. Amikor elmegyünk Isten elé, hogy imádjuk Őt, először meg kell bánnunk ezeket a világi dolgokat, és a szívünknek istenivé és szentebbé kell válnia.

Ha megbánjuk a bűnös, tisztátalan és tökéletlen látszatokat, a világ foltjait az istentisztelet előtt, ez megegyezik az égőáldozat megnyúzásával. Annak érdekében, hogy ezt megtegyük, fel kell készítenünk a szívünket, hogy időben érkezzünk az istentiszteletre. Fel kell ajánlanunk egy imát, hálaadásunk jeléül Istennek, amiért megbocsátotta nekünk minden bűnünket, és megvédett, majd egy bűnbánó imát, miközben megvizsgáljuk magunkat.

Amikor az ember felajánlotta Istennek a megnyúzott állatokat, amelyeket darabokra vágott, és meggyújtott, Isten megadta az embernek a bűnök bocsánatát, és lehetővé tette a pap számára, hogy a fennmaradó bőrt tetszése szerint felhasználja. A „feldarabolva" kifejezés azt jelenti, hogy az állat fejét és lábát, lágyékait, és a hátsó negyedét levágták, és elválasztották a belső részeitől.

Amikor gyümölcsöt, például görögdinnyét vagy almát szolgálunk fel az idősebbeknek, nem az egész gyümölcsöt adjuk oda nekik, hanem meghámozzuk őket, hogy szalonképesek legyenek. Hasonlóképpen, ha áldozatot mutatunk Istennek, nem égetjük el az egészet, hanem szépen rendezett módon prezentáljuk azt.

Milyen spirituális jelentősége van a „feldarabolt" áldozatnak?

Először is, létezik egy kategorizálása a különböző tiszteletnek, amelyet Istennek felajánlunk. Vannak a vasárnap reggeli és esti istentiszteletek, szerda esti, és pénteki egész estét kitöltő istentiszteletek. Az istentiszteletek felosztása megfelel az áldozatok „feldarabolásának."

Másodszor, az ima tartalmának felosztása megegyezik az áldozat „feldarabolásával." Általában az imádság lehet bűnbánó és a gonosz szellemek elűzését szolgáló ima, amelyet a hálaima követ. Ezután az egyházi témák következnek, a Szentély megépítése, a lelkészek és az egyházi dolgozók, az ember kötelességének elvégzése, az ember lelkének a jóléte, a záró ima a kategóriák, amelyekre az ima osztható. Természetesen, akkor is imádkozhatunk, amikor az utcán járunk, vezetés közben, vagy ha egy kis szünetet tartunk. Csendben érezhetjük a közösséget, miközben gondolkodunk és elmélkedünk Istenről, a mi Urunkról. Ne feledd, hogy a meditációt kivéve, az ima hangos elmondása éppen olyan fontos, mint az áldozatok darabokra vágása. Isten majd szívesen fogadja az imát, és válaszol neked gyorsan.

Harmadszor, „feldarabolni" a felajánlott áldozatot azt jelenti, hogy Isten Igéje hatvanhat részre osztható. A Biblia hatvanhat könyve magyarázza az élő Istent, és a Jézus Krisztus által történt üdvösség gondviselését. Bár Isten Igéje önálló könyvekre tagolódik, az Ő Igéje minden könyvben egyforma, nincs eltérés a könyvekben. Mivel Isten Igéje különböző kategóriákba van osztva, ezért Isten akarata szisztematikusabban és könnyebben érthető számunkra, így könnyebben hasznosítjuk azt.

Negyedszer, és ez a legfontosabb, az áldozatot „feldarabolni" azt jelenti, hogy az istentisztelet is különböző részekből áll. A bűnbánó imát az istentisztelet kezdete előtt az első komponens követi, amely egy rövid meditáció, amely előkészíti és elkezdi az istentiszteletet, amely vagy a Miatyánkkal, vagy áldással végződik. A kettő között nem csak Isten Igéjének a hirdetése van, de van közbenjáró ima, dicséret, az ige felolvasása, felajánlás, és egyéb részek is. Minden folyamat külön jelentőséggel bír, és a meghatározott sorrendben történő imádat az áldozati állat darabokra vágásával megegyezik.

Ahogy az égőáldozat minden egyes részének az elégése teszi teljessé az égőáldozatot, az istentisztelet elejétől a végéig, teljes egészében ennek kell szentelnünk magunkat. A résztvevők nem szabad hogy késve érkezzenek, vagy felálljanak közben, hogy a személyes ügyeikben eljárjanak, kivéve, ha feltétlenül szükséges. Vannak, akik el kell hogy végezzenek meghatározott feladatokat a templomban, mint az önkéntes segítség vagy kísérés, és ha ilyen esetben hagyják el a helyet, ez már engedélyezhető. Lehet, hogy ott szeretnének lenni időben a szerda esti vagy péntek éjjeli istentiszteleten, de vannak, akik kénytelenek késni, mert a munkájuk vagy más, elháríthatatlan körülmény erre készteti őket. Még ha így is van, Isten megnézi a szívüket, és elfogadja az imádatuk illatát.

**5) A pap tüzet gyújt az oltáron, és fát rak a tűzre.**

Miután a felajánlott állatot darabokra vágja, a pap a darabokat az oltáron elégeti. Ezért kapja a pap azt az utasítást, hogy „tegyen tüzet az oltáron, és rakjon fát a tűzre." Itt a „tűz" a Szentlélek tüzét jelenti spirituális értelemben, és a „fa a tűzön" kifejezés a bibliai összefüggésekre és a Biblia tartalmára vonatkozik. Minden szó a Biblia hatvanhat könyvében úgy használható, mint a tűzifa. „A fa elrendezése a tűzön" azt jelenti, hogy a Biblia minden szavából levonjuk a következtetést, és a javunkra használjuk, a

Szentlélek működése közben.

Ha kísérletet teszünk arra, hogy szó szerint megértsük ezt a verset, hiábavaló lesz, mert tudjuk, hogy Isten sok embere, mint például Pál és Péter, „Jeruzsálemen kívül" halt meg. Ebben a versben azonban a „Jeruzsálem" nem a fizikai városra vonatkozik, hanem egy városra, amely hordozza Isten szívét és akaratát, és ami a „lelki Jeruzsálem," ami viszont „Isten Igéje." Ezért, a „nem lehetséges, hogy a próféta Jeruzsálemen kívül vesszen el" azt jelenti, hogy a próféta Isten Igéjének határain belül él.

Ha meg akarjuk érteni, amit olvasunk a Bibliában, és a prédikáció üzenetét is, amit az istentisztelet alatt hallunk, ez csak a Szentlélek ihletése által történhet meg. Isten Igéjének bármely része, amely túl van az emberi tudás, a gondolatok és a spekuláció határán, csak a Szentlélek ihletésével érthető meg, és a szívünk mélyéről csak ily módon hihetünk benne. Összefoglalva, csak akkor növekedhetünk lelkileg, ha már megértettük Isten Igéjét a Szentlélek munkája és inspirációja által, amelynek eredményeként feltárul előttünk az Isten szíve, és gyökeret ver a szívünkben.

**6) A darabok, a fej és a faggyú elhelyezése a fa felett, amely az oltáron lévő tűzön van.**

A Leviták könyve 1:8 így szól: „*Azután rakják az Áron fiai, a papok, a tagokat: a fejet és a kövérjét a fára, a mely az oltáron lévő tűzön van.*" Az égőáldozat felmutatásánál a pap gondoskodik a darabokról, és elhelyezi őket, a fejet és a faggyút.

A felajánlott állat fejének elégetése azt jelképezi, hogy minden olyan hamis gondolatot el kell hogy égessünk, ami a fejünkben van. Ez azért van, mert a gondolataink a fejünkben születnek meg, és a legtöbb bűn a fejből ered. Az emberek nem ítélnek el valakit, ha a fejében megszületik egy bűn, mert a cselekedetében még nem jelent az meg. Azonban, ahogy azt az 1 János 3:15-ben olvassuk: „*A ki gyűlöli az atyjafiát, mind embergyilkos az.*" A gyűlölet megtűrése magunkban is bűn.

Jézus megváltott minket a bűneinktől kétezer évvel ezelőtt. Azoktól a bűneinktől is, amelyeket a fejünkkel követünk el, nem csak a kezünkkel és a lábunkkal. Jézus kezeit és lábait szeggel átszúrták azokért a bűnökért, amelyeket a kezünkkel és a lábunkkal követtünk el, és töviskoronát viselt azért, hogy megváltson minket a bűnös gondolatainktól, amelyek eredete a fejünkben van. Mivel már megbocsátottak nekünk a gondolatainkkal elkövetett bűnökért, nem kell, hogy Istennek feláldozzunk egy állatfejet. Ahelyett, hogy állatfejet áldoznánk fel, a Szentlélek tüzénél meg kell hogy perzseljük a gondolatainkat, és ezt úgy tehetjük meg, hogy eldobjuk magunktól a hamis gondolatainkat, és az igazságra gondolunk, minden alkalommal.

Ha mindig az igazságot hordozzuk magunkban, nem lesznek hamis vagy inaktív gondolataink. Mivel a Szentlélek vezeti az embereket abban, hogy megszabaduljanak a tétlen gondolatoktól, koncentráljanak az üzenetre, és gravírozzák be azt a szívükbe a szertartás vagy az istentisztelet alatt, képesek lesznek arra, hogy Istennek olyan lelki imádatot mutassanak, amelyet Ő elfogad.

Továbbá, a faggyú, ami egy állat kemény zsírja, az

energiaforrás, és maga az élet. Jézus áldozat lett, egészen addig a pontig, ahol még a vérét és a vizét is értünk adta. Ha hiszünk Jézusban, mint a mi Urunkban, már nem kell felajánlanunk Istennek az állatok faggyát.

Mégis, „hinni az Úrban" nem valósul mag, ha a szájunkkal ezt mondjuk: „hiszek." Ha valóban úgy gondoljuk, hogy az Úr megváltott minket a bűntől, meg kell szabadulnunk a bűneinktől, átalakulnunk az Isten Igéjévé, és szent életet kell élnünk. Még az istentisztelet ideje alatt is, minden energiánkat elő kell vennünk- a testünket, szívünket, akaratunkat, és a lehető legnagyobb törekvésünket—és Istennek fel kell kínálnunk a lelki imádatunkat. Az a személy, aki kihozza minden energiáját, hogy Istent imádja, nem csak eltárolja Isten Igéjét a fejében, de meg is valósítja azt a szívében. Csak amikor Isten Igéje megvalósul valakinek a szívében, válhat életté, erővé, és testi és lelki áldássá.

7) A lelkész vízzel megmossa a belsőségeket és a lábakat, és felajánlja az oltáron a füsttel.

Míg más részeket úgy ajánl fel, ahogy vannak, a lábakat és a belsőségeket Isten parancsára a lelkész megmossa, és úgy ajánlja fel. A „vízzel megmossa" azt jelenti, hogy a felajánló személy tisztátalanságait megtisztítja. Milyen szennyeződések vannak, amelyeket meg kell mosni? Míg az emberek az Ószövetség idején megtisztították a felajánlandó állat szennyeződéseit, az újszövetségi időkben az embereknek a szív szennyeződéseit kell megmosniuk.

A Máté 15-ben van egy jelenet, amelyben a farizeusok és az

írástudók megszidják Jézus tanítványait, amiért piszkos kézzel esznek. Ezt mondta Jézus nekik: *"Nem az fertőzteti meg az embert, a mi a szájon bemegy, hanem a mi kijön a szájból, az fertőzteti meg az embert"* (11. vers). Annak a hatása, ami bemegy a szájon, véget ér akkor, amikor kiürül, de az, amit kimondunk, maradandó hatással bír. Ahogy Jézus folytatja a 19-20 versekben: *"Mert a szívből származnak a gonosz gondolatok, gyilkosságok, házasságtörések, paráznaságok, lopások, hamis tanubizonyságok, káromlások. Ezek fertőztetik meg az embert; de a mosdatlan kézzel való evés nem fertőzteti meg az embert,"* azaz, Isten Igéjével meg kell tisztulnunk a szív gonoszságától és bűnétől.

Minél több jutott be Isten Igéjéből a szívünkbe, annál nagyobb bűn és gonoszság fog elhagyni bennünket. Például, ha egy személy a szeretet szerint él, általa a gyűlölet megszűnik. Ha egy személy az alázat szerint él, akkor ezzel lecseréli az arroganciát. Ha egy személy az igazság szerint él, a hazugság és a csalás eltűnik. Minél jobban az igazságot preferálja, és általa él, annál jobban képes lesz, hogy levegye magáról a bűnös természetet. Természetesen, a hite növekszik majd folyamatosan, és eléri azt a mértéket, amely Krisztus teljességéhez tartozik. Amilyen mértékű a hite, olyan mértékben: az Isten ereje és hatalma el fogja kísérni őt. Nem csak megkapja a szíve vágyát, hanem áldásokat fog megtapasztalni az élete minden területén.

Csak a megmosott belek és lábak fognak nyugtató aromát kibocsátani magukból. A Leviták könyve így fogalmaz erről: *"vigyetek az Úrnak egészen égőáldozatot, kedves illatú tűzáldozatul."* Ha Istennek szolgálunk spirituális imádattal, lélekben és igazságban az Ő Igéje szerint, ez az istentisztelet a tűzáldozat lesz, amellyel Isten elégedett, és ami lehozza az Ő válaszait. Az imádó szívünk nyugtató aroma lesz Istennek, és ha Ő elégedett, jólétet ad nekünk az élet minden területén.

## 5. Bárányok vagy kecskék felajánlása (Leviták 1:10-13)

1) Egy hibátlan berbécs vagy hím kecske.

A tulkok felajánlásához hasonlóan, az áldozati állatnak egy tökéletes báránynak vagy kecskének kell lennie. Spirituális szempontból, a feddhetetlen állat feláldozása arra utal, hogy Isten előtt tökéletes szívvel kell imádni, olyan szívvel, amelyet az öröm és a hála jár át. Isten parancsa, hogy egy hím állatot kell felajánlani azt jelenti: „határozott szívvel, ingadozás nélkül" imádni. Bár a felajánlás eltérő lehet az egyes emberek anyagi körülményeinek megfelelően, a hozzáállás, amellyel a személy a felajánlást teszi, mindig szent és tökéletes kell hogy legyen.

2) Az áldozatot az oltár északi részén kell megölni, és a lelkésznek az állat vérét az oltár négy oldala felé kell locsolnia.

Ahogy a tulkok felajánlásánál is láttuk, az állat vérének a szétlocsolása az oltár négy oldalán a bűnök bocsánatát jelenti mindenütt, északon, keleten, délen és nyugaton. Isten megengedte, hogy az engesztelésre sor kerülhessen az állat vére által, amelyet egy ember helyett ajánlottak fel Neki.

Miért parancsolta meg Isten, hogy a felajánláshoz használt állat az oltár északi oldalán legyen? „Észak," vagy „az északi oldal" lelkileg a hideget és a sötétséget szimbolizálja, és gyakran utal valamire, amit Isten nem szeret vagy megdorgál valakit valami miatt, és olyan valami, amivel nem elégedett Ő.

A Jeremiás 1:14-15-ben ezt olvassuk:

*„És monda nékem az Úr: Észak felől támad a veszedelem e földnek minden lakosára. Mert ímé, előhívom én az északi országok minden nemzetségét, mondja az Úr, és eljőnek, és kiki felállítja az ő királyi székét Jeruzsálem kapui előtt, és köröskörül minden kerítése ellen, és Júdának minden városa ellen."*

A Jeremiás 4:6-ban Isten ezt mondja nekünk: *„Emeljetek zászlót a Sion felé; fussatok, meg ne álljatok, mert veszedelmet hozok észak felől és nagy romlást!"* Amint látjuk a Bibliában, az „észak" Isten fegyelmét és szemrehányását jelenti, és mint ilyen, az állatot, amelyre ráróható az ember minden bűne, „az északi oldalon" kell megölni, mely egy átok jelképe.

3) A felajánlott állatot darabokra vágják, a fejét és a faggyát a fára teszik, a lábait és a belét megmossák vízzel, és mindezt az oltári füsttel felajánlják.

Ugyanúgy, mint a tulkok égőáldozatánál, a birka vagy kecske égőáldozat is azért történik, hogy az ember megkapja a bűnök bocsánatát, amelyet a fejünk, a kezünk és a lábunk segítségével követünk el. Az Ószövetség olyan, mint az árnyék, és az Újszövetség, mint a forma. Isten azt akarja, hogy megkapjuk a bűnök bocsánatát, de nem csak a szavak, hanem a szívünk által, amelyet körülmetélünk, és az Ő Igéje szerint élünk. Ez azt jelenti, hogy Istennek lelki imádatot mutatunk be a teljes testünkkel, szívünkkel, és akaratunkkal, és a Szentlélek inspirációjával kenyérré kell hogy alakítsuk az Igét, hogy levethessük a valótlanságokat, és az igazság szerint élhessünk.

## 6. Madarak felajánlása (Leviták 1:14-17)

**1) Egy gerlice vagy egy fiatal galamb.**
A galambok a legjámborabb és legokosabb madarak, és engedelmeskednek az embernek is. Mivel a húsuk puha, és általában számos előnyt nyújtanak az embernek, Isten megparancsolta, hogy gerlét és fiatal galambot kell felajánlani. A galambok közül Isten a fiatalokat akarta, hogy Neki felajánlják, mivel tiszta és szelíd áldozatokat kívánt. A fiatal galambok ezen tulajdonságai Jézus alázatát és szelídségét szimbolizálják, aki áldozattá vált.

**2) A lelkész a felajánlást az oltárhoz hozza, lefacsarja a fejét, letépi a szárnyait, de nem vágja le; a lelkész felajánlja az állatot az oltár füstjével, míg az állat vére az oltár oldalán lefolyik.**
Mivel a fiatal galambok nagyon kisméretűek, nem lehet

megölni, majd darabokra vágni őket, és csak egy kis mennyiségű vér folyhat ki belőlük. Éppen ezért, ellentétben más állatokkal, amelyeket az oltár északi oldalán öltek meg, a fejét kicsavarták, míg a vére elfolyt. Ez a rész tartalmazta azt is, amikor a kezét a galamb fejére helyezte a lelkész. Míg egy felajánlott állat vérét szét kellett szórni az oltár körül, a vezeklés ünnepsége csak a kivérzéssel volt kapcsolatos, az állat vére az oltár oldalánál kifolyt, mivel egy galambnak kevés a vére. Sőt, mivel a fizikuma kicsi, ha egy galambot darabokra vágtak, a formája felismerhetetlenné vált. Ezért csak leszakították a szárnyait, de nem vágták le őket. A madarak számára a szárnyuk az életüket jelképezi. Az a tény, hogy egy galamb szárnyait leszakítják, azt jelképezi, hogy az ember teljesen megadta magát Isten előtt, és még az életét is Neki adta.

3) A felajánlott állat tollait az oltár keleti részére, a hamvak helyére tették.

Mielőtt a madarat, mint tűzáldozatot az oltárra helyezték, a tollait eltávolították. Míg a tulkok, bárányok és kecskék beleit nem dobták ki, hanem felgyújtották, miután megmosták vízzel, a galambok tollait Isten megengedte, hogy kidobják. Egy galamb tollazatának a kidobása, ugyanúgy, mint a tulkok és bárányok tisztátalan részeinek a megtisztítása, a tisztátalan szívünk megtisztítását jelképezi, és a múltbeli viselkedésünkét is, amellyel bűnöztünk, gonoszkodtunk, de most imádjuk Istent lélekben és igazságban.

A madár tollazatának eldobása az oltár mellett kelet felé, a hamu helyére kell hogy történjen. A Genezisben ezt olvassuk: Isten „*ültetett egy kertet kelet felé, az Édenben."* A spirituális jelentése „a keletnek:" egy tér, melyet körülvesz a fény. Még a Földön is, ahol élünk, a kelet az az irány, ahonnan a nap felkel, és amint a nap felkelt, az éjszaka sötétje elmegy.

Mi a jelentése annak, hogy a madár tollait az oltár keleti oldala felé dobták el?

Ez azt szimbolizálja, hogy kijövünk az Úr elé, aki a fény, miután ledobtuk a bűn és a gonosz által előidézett szennyeződéseket magunkról azzal, hogy Istennek égő áldozatot mutattunk be. Ahogy olvassuk az Efézus 5:13-ban: „*Mindezek pedig megfeddetvén, a világosság által napvilágra jőnek; mert minden, a mi napvilágra jő, világosság."* Ledobjuk a bűn és a gonosz szennyfoltjait magunkról, amelyeket felfedeztünk magunkon, és Isten gyermekeivé válunk azzal, hogy a fényre kimegyünk. Ezért a szennyes részek keletre való kidobása egy áldozati állatnál azt jelképezi, hogy mi, akik lelki szennyeződések között éltünk, bűn és gonoszság közepette, levetettük a bűneinket, és Isten gyermekeivé váltunk.

A tulkok, bárányok, kecskék, és a madarak égő áldozatként történt felajánlása által, most már megérthetjük Isten szeretetét és igazságosságát. Isten égőáldozatokat követelt, mert azt akarta, hogy Izrael népe élete minden pillanatában közvetlen és bensőséges kapcsolatban élje Vele azzal, hogy mindig égőáldozatokat mutat be Neki. Ha emlékszel erre, remélem imádni fogsz lélekben és igazságban, és nem csak hogy megtartod az Úr napját szentnek, hanem az év 365 napján kellemes illatot ajánlasz fel Neki, a szíved illatát. Majd a mi Istenünk, aki megígérte nekünk: *"Gyönyörködjél az Úrban, és megadja néked szíved kéréseit"* (Zsoltárok 37:4), eláraszt minket a jóléttel és csodálatos áldásokkal, bárhová is menjünk.

Negyedik fejezet

# A gabonaáldozat

„Mikor valaki ételáldozatot akar áldozni az Úrnak,
lisztlángból áldozzék, és öntsön arra olajat,
és temjént is tegyen arra."

Leviták könyve 2:1

## 1. A gabonaáldozat jelentősége

A Leviták könyve 2 elmagyarázza a gabona felajánlását, és azt, hogy hogyan kell úgy felajánlani Istennek, hogy élő és szent áldozat legyen, amivel elégedett Ő.

Amint a Leviták könyvének 2:1 részében látjuk: *„Mikor valaki ételáldozatot akar áldozni az Úrnak, lisztlángból áldozzék, és öntsön arra olajat, és temjént is tegyen arra,"* Istennek a finomra őrölt gabonaszemeket kell felajánlani. Ez hálaadás Istennek azért, mert életet adott nekünk, és megadta a mindennapi kenyerünket. A mai értelemben ez azt jelenti, hogy hálaadó áldozatul minden vasárnap, az istentiszteleten hálát adunk Istennek, amiért megvédett minket az előző héten.

Amikor Istennek felajánlást vagy áldozatot mutatunk, az állatoknak, mint a tulkok vagy a bárányok, a vérét kell vennünk, erre pedig a bűn miatt van szükség. Ez azért van, mert a bűneink bocsánatát és a könyörgésünket az állatok kiontott vére juttatja el a Szent Istenhez. Azonban, a gabonaáldozat egy hálaadási felkínálás, amely nem igényel külön vérontást általában, és egy égőáldozat mellett ajánljuk fel. Az emberek Istennek adták az első gyümölcseiket, és más jó dolgokat a gabonaaratás idején, gabonaáldozatul Neki, amiért megadta nekik a magokat, amellyel vetni tudtak, ételt adott nekik, és megvédte őket, amíg az aratás tartott.

Általában lisztet kínáltak fel gabonaáldozat gyanánt. Finomliszt, kemencében sült kenyeret, és a korán megért friss kalászokat használták, és az összes felkínált dolgot olajjal és sóval fűszerezték, és tömjént adtak hozzá. Aztán egy maroknyit a felkínáltakból füsttel is felajánlottak, hogy Isten kedvére legyenek az aromával.

Ezt olvassuk az Exodus 40:29-ben: *„Az egészen égőáldozat oltárát pedig helyhezteté a gyülekezet sátora hajlékának nyílása elé, és áldozék azon egészen égőáldozattal és ételáldozattal, a mint parancsolta vala az Úr Mózesnek,"* Isten megparancsolta, hogy amikor egy égőáldozatot ajánlottak fel, egy gabonaáldozatot is be kellett mutatniuk egyidejűleg. Ezért, csak akkor mutatunk be Istennek teljes spirituális tiszteletadást, ha a vasárnapi istentiszteleten hálaadó felajánlást mutatunk be Neki.

A „gabonaáldozatnak" az etimológiája az „áldozatból" és az „ajándékból" áll. Isten nem akarja, hogy a különböző istentiszteleteken üres kézzel vegyenek részt az emberek, hanem azt, hogy bizonyítsák a cselekedeteikkel a hálaadással telt szívüket azáltal, hogy hálaadás-felajánlásokat mutatnak be Neki. Emiatt ezt mondja nekünk Isten az 1 Thesszalonikaiak 5:18-ban: *„Mindenben hálákat adjatok; mert ez az Isten akarata a Krisztus Jézus által ti hozzátok,"* és a Máté 6:21-ben: *„Mert a hol van a ti kincsetek, ott van a ti szívetek is."*

Miért kell hálát adni mindenért, és felajánlani Istennek a gabonaáldozatot? Először is, az egész emberiség a pusztulásba vezető úton indult el Ádám engedetlensége miatt, de Isten elküldte nekünk Jézust, mint egy engesztelő áldozatot a bűneinkért. Jézus megváltott minket a bűntől, és rajta keresztül nyertünk örök életet. Mivel Isten, aki mindent megteremtett az univerzumban, most a mi Atyánk, élvezhetjük a hatalmat, mint az Ő gyermekei. Isten lehetővé tette számunkra, hogy rendelkezzünk az örök Mennyországgal, hogyan létezne más út a számunkra, mint hogy hálásak vagyunk Neki? Isten a Napot is nekünk adja, és irányítja az esőt, a szelet és az éghajlatot is, amit élvezünk, hogy bőséges termést arassunk el, amelyen keresztül Ő megadja nekünk a mindennapi kenyerünket. Köszönetet kell adnunk Neki. Továbbá, Isten az, aki megvéd bennünket ezen a világon, ahol a bűn, hamisság, betegségek és balesetek bőven jelen vannak. Ő megválaszolja az imáinkat, amelyeket a hit által kínálunk fel, és mindig megáld minket, hogy diadalmas életet élhessünk. Tehát még egyszer, hogyan tudnánk nem megköszönni mindezt Neki?!

## 2. Felajánlások a gabonaáldozatban

A Leviták könyve 2:1-ben Isten ezt mondja: „*Mikor valaki ételáldozatot akar áldozni az Úrnak, lisztlángból áldozzék, és öntsön arra olajat, és temjént is tegyen arra.*" Az Istennek felajánlott gabonát finomra kell őrölni. Isten parancsa, hogy a szemeket „finomra" kell őrölni azt jelzi, hogy milyen szívvel kell felkínálni az áldozatot. Ahhoz, hogy finomra őrölt liszt legyen a gabonából, a gabona számos eljárásnak lesz alávetve, beleértve a hántást, őrlést és szitálást. Mindegyik sok erőfeszítést és gondoskodást igényel. A finomlisztből készült étel színárnyalata szép, az étel jó megjelenésű, tetszetős, és sokkal ízletesebb.

A spirituális jelentősége Isten parancsának, hogy a gabona felajánlás „legyen finomlisztből" azt jelenti, hogy Isten elfogadja a felkínálást, ha a lehető legnagyobb gondossággal és örömmel történt. Szívesen elfogadja, ha a hálaadás szívét a cselekedeteinkkel bizonyítjuk, és nem csak a szájunkkal adunk hálát. Ezért, ha tizedet vagy hálaadást kínálunk fel, gondoskodnunk kell arról, hogy teljes szívünkből tegyük, hogy Isten szívesen fogadja őket.

Isten az ura minden dolognak, és azt parancsolta az embernek, hogy áldozatot mutasson be Neki, de nem azért, mert hiányzik Neki valami. Megvan a hatalma ahhoz, hogy növelje a vagyonát minden egyes embernek, és hogy elvegye a vagyonát bárkinek. Az ok, amiért Isten azt akarja, hogy áldozatokat kapjon tőlünk az, hogy megáldjon bennünket még jobban és bőségesebben az általunk felkínált áldozatok által, amelyeket a hit és a szeretet jegyében mutatunk fel.

Amint a 2 Korinthusiak 9:6-ban látjuk: *„Azt [mondom] pedig: A ki szűken vet, szűken is arat; és a ki bőven vet, bőven is arat,"* aszerint aratni, amint vetettünk, a szellemi birodalom egyik törvénye. Ahhoz, hogy ő is megáldhasson minket még bőségesebben, Isten arra tanít minket, hogy hálából áldozatot mutassunk be Neki.

Ha hiszünk ebben a tényben, és így kínáljuk fel az áldozatunkat, természetesen teljes szívünkből kell tennünk, ahogy Istennek felkínálnánk a finomlisztet, és a legértékesebb áldozatot kell felkínálnunk, amely feddhetetlen és tiszta.

A „finomliszt" Jézus természetét és életét is jelenti, mely közül mindkettő önmagában tökéletes. Azt is tanítja, hogy éppen úgy, ahogy a legnagyobb gondossággal készítjük el a finomlisztet, nehéz munkával és engedelmességgel kell élnünk az életünket.

Amikor ételáldozatot mutattak be a liszttel, miután a lisztet olajjal összekeverték, és a kemencében megsütötték, vagy – mint a tésztát – a serpenyőbe öntötték és megsütötték, az emberek végül az oltár füstjénél felajánlották azt. Az a tény, hogy a gabonaáldozatot különböző módon kínálták fel azt jelenti, hogy a mód, ahogyan az emberek megéltek, valamint a hála oka, mind különbözőek voltak.

Más szavakkal, amellett, hogy mindig hálát adunk vasárnap, azért is hálásak lehetünk, amiért áldást kaptunk, vagy választ a szívünk vágyára, hogy legyűrtük a kísértéseket a hit által, és hasonlók. Azonban, ahogy Isten parancsolja nekünk, hogy „mindenben adjatok hálát," meg kell keresnünk, hogy miért lehetünk hálásak még, és hálát kell adnunk. Csak ekkor fogadja el Isten a szívünk aromáját, és biztosít be minket arról, hogy a köszönetadás okaiban bővelkedik az életünk.

### 3. A gabonaáldozat bemutatása

**1) Egy gabonaáldozat finomliszttel, melyre olajat és tömjént raktak**

Ha olajat töltünk a finomlisztre, ez lehetővé teszi, hogy egy tésztát nyerjünk, amelyből jó kenyér sül, és ha tömjént teszünk a kenyérre, a felajánlás minőségét és megjelenését is javítani fogja. Ha ezt egy lelkészhez elvisszük, egy marék lisztet, olajat és tömjént vesz le belőle, és felajánlja a füsttel az oltáron. Nyugtató aroma fog keletkezni.

Milyen jelentősége öntött olajat a liszt?

Az „olaj" itt az állati zsírra vagy a növényekből kivont gyantára vonatkozik. A finomliszt „olajjal" való elkeverése azt jelenti, hogy minden energiánkat—az életünket—arra kell szolgálni, hogy Istennek áldozzunk. Amikor Istent imádjuk, vagy áldozatokat kínálunk fel Neki, Isten megadja nekünk az ihletet és a Szentlélek teljességét, és lehetővé teszi számunkra, hogy olyan életet éljünk, amelyben közvetlen és bensőséges kapcsolatunk lehet Vele. Az olaj azt jelképezi, hogy ha valamit felajánlunk Istennek, azt teljes szívünkből kell adnunk Neki.

Mit jelképez az, hogy az áldozatra tömjént öntünk?

A Rómaiak 5:7-ben ezt olvassuk: *„Bizonyára igazért [is] alig hal meg valaki; ám a jóért talán csak meg merne halni valaki."* Mégis, Isten akaratának megfelelően Jézus meghalt értünk, akik sem igazak, sem jók nem vagyunk, de bűnösök igen. Mennyire nyugtató aroma lehetett Jézus szeretete Istennek? Jézus megsemmisítette a halál hatóságát, feltámadt, leült az Isten jobbján, és a királyok Királya lett, valamint egy igazán értékes aroma Isten előtt.

Az Efézusiak 5:2 erre biztat bennünket: *„És járjatok szeretetben, miképen a Krisztus is szeretett minket, és adta Önmagát miérettünk ajándékul és áldozatul az Istennek,* *kedves jó illatul."* Amikor Jézus felajánlotta magát Istennek áldozatul, olyan volt, mint egy felajánlás, amelyre tömjént öntöttek. Ezért, amint megkaptuk Isten szeretetét, fel kell ajánlanunk magunkat, mint illatos és nyugtató aromát, ahogy Jézus is tette.

„Tömjént tenni a finomlisztre" azt jelenti, hogy ahogy Jézus Istent naggyá tette az illatos aromájával, a természete és a tettei által, meg kell élnünk Isten Igéjét a teljes szívünkből, és magasztalnunk kell Őt azzal, hogy Krisztus áradó illatát terjesztjük magunkból. Csak ha Istennek a hálaadásunk jeléül áldozatokat kínálunk fel, miközben árad belőlünk Krisztus illata, ekkor válnak az áldozataink olyan gabonaáldozattá, amely méltó Isten elfogadására.

### 2) Nincs benne élesztő vagy méz

A Leviták könyve 2:11 ezt tartalmazza: *„Semmi ételáldozat, a mit az Úrnak áldoztok, kovászszal ne készüljön; mert kovászból és mézből semmit se füstölögtethettek az Úrnak a tűzáldozatok között."* Isten megparancsolta, hogy nem lehet kovászt hozzáadni a kenyérhez, amelyet Istennek kínálnak fel, mert ahogy a kovásztól megerjed a tészta, mely lisztből készült, a lelki „kovász" is hitehagyott, és rontja a felajánlást.

A változatlan és tökéletes Isten azt akarja, hogy az áldozatunk romlatlan legyen, amit felajánlunk Neki—mint a finomliszt is—a szívünk mélyéről. Ezért, amikor így felajánlunk valamit, változatlan, tiszta szívvel, és hálával, szeretettel, és az Istenbe vetett hittel kell azt tennünk.

Amikor áldozatot mutatnak be, néhány ember azt nézi, hogy mások mit gondolnak, és a formalitás kedvéért teszik. Másoknak pedig a szíve tele van bánattal és aggodalommal, amikor adakoznak. Mégis, ahogy Jézus figyelmeztetett a farizeusok kovászával kapcsolatban, amely a képmutatás, ha úgy adunk, hogy közben úgy teszünk, mintha szentek lennénk, és csak mások elismeréséért cselekszünk, a szívünk olyan lesz, mint egy gabonaáldozat, amelyet a kovász beszennyezett, és semmi közünk nem lesz Istenhez.

Ezért, kovász nélkül kell adakoznunk, és a szívünk mélyén szeretetnek, és Isten iránt érzett hálának kell lakoznia. Nem szabad irigykedve vagy bánat közepette, és aggodalmaskodva adakoznunk, hit nélkül. Bőségesen kell adakoznunk, szilárd hittel Istenben, aki elfogadja az áldozatunkat, és megáld bennünket, lélekben és testben. Hogy megtanítsa nekünk a spirituális jelentést, Isten megparancsolta, hogy nem készülhet kovásszal az, amit felajánlunk.

Vannak azonban olyan esetek, amikor Isten lehetővé teszi számunkra, hogy kovásszal készült áldozatokat mutassunk be. Ezek az áldozatok nem kerülnek fel a füstre, hanem a pap ide-oda lengeti őket az oltárnál, hogy kifejezze az adományozást Istennek, és visszahozza az embereknek, hogy megosszák és egyenek belőle. Ez az úgynevezett „lengető áldozat," amely, ellentétben a gabonaáldozattal, tartalmazhatott kovászt, ha a szertartást megváltoztatták.

Például, a hívő emberek nem csak vasárnap mennek az

istentiszteletre, hanem minden misére is. A gyenge hitű emberek részt vesznek a vasárnapi istentiszteleten, de a péntek egész éjjelin nem, vagy a szerda estin sem, Isten nem tekinti a magatartásukat bűnösnek. A szertartás tekintetében, míg a vasárnapi istentisztelet szigorúan szabályozott, azok az istentiszteletek, amelyek az egyháztagok otthonában vannak— bár ezek is követnek egy alapvető struktúrát, mely egy üzenetből, az imádságból és a dicséretből áll—szerkezetüket tekintve a körülményektől függően megváltoztathatóak. Miközben be kell tartani az alapvető és szükséges szabályokat, az a tény, hogy Isten teret enged egy kis rugalmasságnak az ember körülményei vagy a hitének a mértéke szerint, spirituális jelentéssel bír, ami a kovászban testesül meg.

Miért tiltotta meg Isten, hogy mézet adjanak hozzá az áldozathoz?

Csakúgy, mint a kovász, a méz is elronthatja a finomlisztet. A méz az édes szirupra utal, melyet a datolya levéből állítottak elő Palesztinában, és könnyen erjedésnek indulhatott, és elrothadhatott. Emiatt Isten megtiltotta a liszt megrontását a méz hozzáadásával. Azt is mondja, hogy amikor Isten gyermekei imádják Őt, vagy felmutatják az áldozatukat Neki, tökéletes szívvel kell tenniük, amely nem félrevezető, és nem változékony, azaz állhatatos.

Az emberek azt gondolhatják, hogy a méz a felajánlást jobbá tenné. Nem számít, hogy valami mennyire jól néz ki az ember számára, Isten csak azt fogadja örömmel, amit Ő parancsolt, és amit az ember megfogadott, hogy ajándékozni fog Neki. Vannak, akik korán fogadalmat tesznek, hogy valami különlegeset adnak Istennek, de ha a körülmények megváltoznak, akkor meggondolják magukat, és valami mást adnak helyette. Mégis, Isten gyűlöli, amikor az emberek meggondolják magukat valamivel kapcsolatban, amit Ő megparancsolt, vagy meggondolják magukat azért, hogy személyes előnyt szerezzenek ezzel maguknak, ha a Szentlélek munkájáról van szó. Ezért, ha valaki megfogadta, hogy felajánl egy állatot, akkor feltétlenül meg kell tennie, ahogy a 3 Mózes 27:9-10-ben látjuk: *"Ha pedig [olyan] barom az, a miből áldozni szoktak az Úrnak: mindaz, a mit az eféléből ád [valaki] az Úrnak, szent legyen. Ne adjon mást helyette, és ki ne cserélje azt: jót hitványért, vagy hitványat jóért; de ha mégis kicserélne barmot barommal: mind ez, mind az, a mivel kicserélte, szent legyen."*

Isten azt akarja, hogy tiszta szívvel ajánljuk fel Neki nem csak az áldozatot, hanem mindent. Ha ingadozás vagy csalás van az ember szívében, ez a magatartás elfogadhatatlan lesz Istennek.

Például, Saul király figyelmen kívül hagyta Isten parancsait, és kedvére változtatta meg őket. Ezért engedetlen volt Istennel. Isten megparancsolta Saulnak, hogy Amálek királyát pusztítsa el, minden emberét, és az összes állatát. Miután megnyerte a háborút az Isten hatalmával, Saul nem követte Isten parancsait. Megkegyelmezett az amálekiták királyának Agágnak, és visszahozta őt, valamint a legjobb állatokat is. Miután Isten megfeddte őt, Saul ekkor sem bánta meg a tetteit, hanem továbbra is engedetlen maradt, és a végén elhagyta őt az Isten.

A Számok 23:19 ezt mondja nekünk: „*Nem ember az Isten, hogy hazudjék és nem embernek fia, hogy megváltozzék.*" Annak érdekében, hogy örömöt okozzunk Istennek, a szívünket először át kell alakítanunk egy tiszta szívvé. Nem számít, mennyire jónak tűnik valami az embernek és a gondolkodásmódjának mennyire felel meg, sosem szabad megtennie, amit Isten megtiltott neki, és soha nem szabad megváltoznia, még az idő múlásával sem. Ha az ember engedelmeskedik Isten akaratának tiszta szívvel, állhatatosan, Isten el lesz ragadtatva. Elfogadja az áldozatát, és megáldja őt.

A Leviták könyve 2:12 ezt tartalmazza: „*Zsengeáldozatul felvihetitek azokat az Úrnak, de az oltárra nem juthatnak fel kedves illatul.*" Az áldozatnak illatos aromájúnak kell lennie, hogy Isten szívesen fogadja. Itt, Isten azt mondja, hogy a gabonaáldozatot nem helyezhették az oltárra azzal a céllal, hogy a füsttel együtt áradjon az aromája. A cél a gabonaáldozattal nem a tett, hanem a szívünk illatának felkínálása Istennek.

Függetlenül attól, hogy mennyi jó dolgot ajánlanak fel, ha nem olyan szívvel teszik, amellyel Isten elégedett lesz, lehet, hogy ez illatos aromának fog tűnni az embernek, de nem az Istennek. Ez hasonló ahhoz, ahogy a gyermekek ajándékokat adnak a szüleiknek, hálás szívvel és szeretettel azért, mert életet adtak nekik, és felnevelték őket szeretetben, nem a formalitás kedvéért adva ezeket, így az igazi öröm lesz a szülők számára.

Ugyanígy, Isten nem akarja, hogy szokásból adakozzunk, és bebiztosítsuk magunkat ily módon: „Én megtettem, amit kellett," de szeretné, ha áradna az illat a szívünkből, mely tele van hittel, reménnyel és szeretettel.

### 3) Fűszerezzetek sóval

A Leviták könyvének 2:13 részében ezt olvassuk: *"Minden te ételáldozatodat pedig sózd meg sóval, és a te ételáldozatodból soha el ne maradjon a te Istened szövetségének sója; minden te áldozatodhoz sót adj."* A só beleolvad az ételbe, és megakadályozza, hogy az étel megromoljon, és megadja az étel ízét a fűszerezéssel együtt.

„Fűszerezzük sóval" spirituális értelemben a „békét" jelenti. Ahogyan a só beleolvad az élelmiszerbe, a só szerepének eljátszása, amellyel békét köthetünk, az én halálával jár. Ezért Isten parancsa, mely szerint a gabonaáldozatot sóval kell fűszerezni azt jelenti, hogy Istennek áldozatot kell bemutatnunk, és magunkat fel kell áldoznunk, hogy békét köthessünk.

Ennek érdekében először is el kell fogadnunk Jézus Krisztust, és békében kell lennünk Istennel, akár a vérontásig, hogy levehessük a bűnt, a gonoszságot, a vágyat, és a régi énünket.

Tegyük fel, hogy valaki szándékosan követ el bűnöket, melyeket Isten utálatosnak talál, majd Istennek áldozatokat ajánl fel anélkül, hogy megbánná a bűneit. Isten nem szívesen fogadja el az áldozatot, mert a béke az ember és Isten között már megtört. Ezért a zsoltáros azt írta *"Ha hamisságra néztem volna szívemben, meg nem hallgatott volna az én Uram"* (Zsoltárok 66:18). Isten szívesen elfogadja majd nem csak az imánkat, hanem a felajánlott áldozatainkat is, de csak követően, hogy felhagytunk a bűnnel, békét kötöttünk Vele, és áldozatot mutattunk be Neki.

Ha békét akarunk kötni Istennel, az megköveteli, hogy minden ember vállalja a saját énjének a halálát. Ahogy Pál apostol bevallotta: „Naponta meghalok," csak akkor, ha valaki megtagadja magát, és feláldozza a saját énjét, tud békét kötni Istennel.

Békében kell élnünk a hitbeli nővéreinkkel és fivéreinkkel is. Jézus ezt mondja nekünk a Máté 5:23-24-ben: *„Azért, ha a te ajándékodat az oltárra viszed és ott megemlékezel arról, hogy a te atyádfiának valami panasza van ellened: Hagyd ott az oltár előtt a te ajándékodat, és menj el, elébb békélj meg a te atyádfiával, és azután eljövén, vidd fel a te ajándékodat."* Isten nem fogja boldogan elfogadni az ajándékunkat, ha bűnözünk, gonoszság van a cselekedeteinkben, és a testvéreinket a Krisztusban megkínozzuk.

Még ha a fivérünk rosszat is cselekedett ellenünk, akkor sem szabad gyűlölnünk őt, vagy morognunk ellene, hanem meg kell bocsátanunk neki, és békében kell lennünk vele. Függetlenül az okoktól, nem lehetünk viszályban és vitában, és fájdalmat sem okozhatunk azzal, hogy a hitbeli testvéreinket elgáncsoljuk. Csak miután már békét kötöttünk minden emberrel, és a szívünk tele van a Szentlélekkel, örömmel és hálával, fogják a felajánlásainkra azt mondani, hogy „sóval fűszerezettek."

Továbbá, Isten parancsában a „sóval fűszerezni" a szövetség alapjelentése, amint azt látjuk „a te Istened szövetségének sója" kifejezésben. A sót az óceán vizéből vonják ki, és a víz Isten szavát jelképezi. Csakúgy, ahogy a só mindig sós marad, Isten Igéje, a szövetség sem változik meg sohasem.

„Sóval megsózni" a felajánlást azt jelenti, hogy meg kell bíznunk a hűséges Isten változatlan szövetségében, és teljes szívvel kell adnunk. A hálaadás felajánlásakor el kell hinnünk, hogy Isten biztosan megfizet lenyomva, összerázva, és átfúva, és megáld minket harminc- hatvan- és százszor annyiszor, mint amennyit adtunk.

Vannak, akik azt mondják, „nem az elvárásaim miatt adakozom, hanem csak úgy" Mégis, Isten több örömét leli annak a személynek a hitében, aki alázatosan keresi az Ő áldásait. A Zsidók 11 azt mondja, hogy amikor Mózes elhagyta Egyiptom hercegének pozícióját, „kereste a jutalmat," melyet Isten fog adni neki. Jézus, aki szintén kereste a jutalmat, nem bánta a megaláztatást a kereszten. Azzal, hogy a nagy gyümölcsöt nézte—a dicsőséget, amelyet Isten ad majd neki, és az emberiség megváltását—Jézus könnyen el tudta viselni a szörnyű büntetést a kereszten.

Természetesen, ha valaki „keresi a jutalmat," ez teljesen különbözik a számítás szívétől, amely elvárja, hogy valamit kapjon cserébe, mert valamit már adott. Még ha nincs is jutalom, egy személy, ha szereti Istent, kész lehet arra, hogy feladja még a saját életét is. Ugyanakkor az Atya Isten szívének kifürkészése, aki arra vágyik, hogy megáldja őt, és hinni Isten erejében, amikor az ember áldást keres, azt jelenti, hogy az ember tette még kedvesebb lesz Isten előtt. Isten megígérte, hogy az ember azt aratja le, amit elvetett, és adni fog azoknak, akik keresik Őt. Isten örömmel fogadja a mi áldozatainkat, ha a hitünk az Igéjében megmutatkozik, valamint a hitünket, amellyel kérjük az Ő áldásait, az Ő ígérete szerint.

**4) A többi gabonaáldozat Áronhoz és a fiaihoz tartozik**

Míg az égőáldozatot egészében ajánlották fel a füsttel az oltáron, a gabonaáldozatot a paphoz hozták, és csak egy részét ajánlották fel Istennek a füsttel az oltáron. Ez azt jelenti, hogy Istennek különböző istentiszteletekkel kell áldoznunk, a hálaadó felajánlásokat—a gabonaáldozatokat—Isten országának és igazságának kell szánni, és ezek részeit a papoknak kell használniuk, akik ma az Úr szolgái és a munkavállalók az egyházon belül. Ahogy a Galatea 6:6-ban ezt látjuk: *„A ki pedig az ígére taníttatik, közölje minden javát tanítójával,"* amikor az egyháztagok, akik megkapták Isten kegyelmét, a hálaadás felajánlását bemutatják, Isten szolgái, akik az igét tanítják, a hálaadás áldozatát mutatják be.

A gabonaáldozatok mellett Istennek égőáldozatot is bemutatnak, és ezek modellként jelennek meg a szolgálatban eltöltött Krisztus-féle életre. Ezért hittel kell felajánlanunk az áldozatainkat, teljes szívünkkel. Remélem, minden olvasó oly módon tiszteli Istent majd, hogy az megfelelő legyen az Ő akaratának, és bőséges áldást kapjon minden nap azzal, hogy Istennek illatos áldozatot mutat be, amivel elégedett lesz Ő.

# Ötödik fejezet

## A békeáldozat

„Hogyha hálaáldozattal áldozik valaki,
ha tulokféléből, akár hímmel,
akár nősténynyel áldozik:
ép barmot vigyen az Úr elé."

Leviták könyve 3:1

## 1. A békeáldozat jelentősége

A 3 Mózesben (Leviták könyve) megtaláljuk az alapszabályokat a békeáldozatról. A békeáldozat egy hibátlan állat megölését jelenti, a vérének a szétlocsolását az oltár négy oldalán, és a zsírjának a felajánlását Istennek az oltáron, mint egy illatos aromát. Míg a békeajánlatok hasonlóak az égőáldozatra, van néhány különbség. Vannak, akik félreértik a békeáldozat célját, és azt hiszik, hogy azt szolgálja, hogy megkapják a bűneik bocsánatát. Az elsődleges célja a bűntudat- és a bűnfelajánlásoknak a bűnök bocsánata.

A békeáldozat—amelyet azok az emberek mutatnak be, akiknek megbocsátották bűneiket, mert bűnbánó áldozatot, majd égőáldozatot mutattak be, és most belsőséges kapcsolatban vannak Istennel—célja az, hogy az emberek békét kössenek Istennel, hogy teljes szívvel bízhassanak Benne, az életük minden területén.

Míg a gabonaáldozat, amely a Leviták könyvében szerepel, megszokott hálaadó felajánlásnak minősül, melyet Istennek mutatunk be, aki megmentett bennünket, véd, és biztosítja számunkra a mindennapi kenyeret, eltér a békekínálattól, és az abban kifejezett hálától. Amellett, hogy hála-kínálatot mutatunk be vasárnap, külön hálát adunk akkor is, ha van egy speciális okunk erre. A békeáldozatba beletartoznak azok a felajánlások, amelyeket önkéntesen ajánlunk fel Istennek, hogy magunkat szentnek megtarthassuk, és megkaphassuk Tőle a szívünk vágyait.

Míg a békefelajánlásnak több jelentése van, a legalapvetőbb célja az, hogy békében legyünk Istennel. Ha békében vagyunk Istennel, Ő erőt ad nekünk, amellyel meg tudjuk élni az igazságot, válaszol a szívünk vágyaira, és megadja nekünk a kegyelmet, amellyel teljesíteni tudjuk minden fogadalmunkat, amelyet Neki tettünk.

Az 1 János 3:21-22 ezt mondja nekünk: *"Szeretteim, ha szívünk nem vádol minket, bizodalmunk van az Istenhez; És akármit kérjünk, megnyerjük tőle, mert megtartjuk az ő parancsolatait, és azokat cselekeszszük, a mik kedvesek előtte."* Ha magabiztosak vagyunk Isten előtt azáltal, hogy az igazság szerint éltünk, akkor békében fogunk élni, és megtapasztaljuk az Ő munkáit mindenben, amit kérünk. Ha különleges felajánlásokkal kérjük Őt, el tudod képzelni, hogy Isten sokkal gyorsabban válaszol majd, és megáld minket?

Ezért rendkívül fontos, hogy helyesen megértsük a gabonafelajánlások jelentését, és a béke-felajánlásokat is, és meg tudjuk különböztetni a gabona felajánlást a békekínálattól, hogy Isten szívesen fogadja a felajánlásainkat.

## 2. Ajánlat a békeáldozatban

A Leviták könyve 3:1-ben Isten ezt mondja nekünk: *"Hogyha hálaáldozattal áldozik valaki, ha tulokféléből, akár hímmel, akár nősténynyel áldozik: ép barmot vigyen az Úr elé."* Függetlenül attól, hogy a felajánlásban bárányt vagy kecskét áldoztak fel, és hogy hím vagy bak volt az, hibátlannak kellett lennie (Leviták könyve 3:6, 12).

Az égőáldozatban az állatnak egy hibátlan hím bikának vagy báránynak kellett lennie. Ez azért van, mert a tökéletes áldozat az égőáldozathoz—a spirituális istentisztelethez—Jézus Krisztust jelenti, az Isten ártatlan Fiát.

Azonban, ahogy a békeáldozatot azért mutatjuk be Istennek, hogy békében legyünk Vele, nem kell különbséget tenni hím és nőstény között, feltéve, hogy a felajánlás hibátlan. Azt, hogy nincs különbség a hím vagy a nőstény között az áldozat esetében, ezt a Rómaiak 5:1-ben látjuk. „Megigazulván azért hit által, békességünk van Istennel, a mi Urunk Jézus Krisztus által," Az Istennel való béke megvalósítására—a Jézus vérével, mely a kereszten kifolyt—nincs különbség férfi és nő között.

Amikor Isten megparancsolja, hogy a felajánlás „hibátlan" legyen, azt akarja, hogy ne töredelmes lelket, hanem egy gyönyörű, gyermeki lelket lásson. Nem szabad kelletlenül adnunk, sem úgy, hogy közben arra törekszünk, hogy mások elismerését kivívjuk, hanem önként, a hit által kell cselekednünk. Csak akkor van értelme a számunkra, hogy egy ártatlan állatot felkínáljunk, ha hálaadó felajánlást teszünk Isten kegyelméért és a megváltásért. Áldozatot felajánlani az Istennek csak akkor van értelme, ha bízunk Benne az életünk minden területén, hogy Ő velünk van, és megvéd minket mindenkor. Azért, hogy az Ő akarata szerint éljünk, a legjobbat kell felajánlanunk abból, amit adhatunk, és a lehető legnagyobb gondossággal és teljes szívünkből kell adnunk azt.

Ha összehasonlítjuk az égőáldozatot és a hálaadó áldozatot, van egy érdekes tény, amelyet figyelembe kell venni: a galambokat kizárták az utóbbiból. Miért van ez így? Nem számít, mennyire szegény valaki, az égőáldozatot minden embernek be kell mutatni, és ez az, amiért Isten megengedte a galambok felajánlását, amelyek rendkívül kis értékűek.

Például, ha egy újonc a Krisztusban való életben a gyenge, kevés kis hite miatt csak a vasárnapi istentiszteleten vesz részt, Isten ezt úgy tekinti, mintha égőáldozatot kapott volna tőle. Miközben az egész égőáldozat akkor mutatják be Istennek, ha a hívők teljesen Isten Igéje szerint élnek, közvetlen és meghitt kapcsolatot ápolnak Istennel, és imádják Őt lélekben és igazságban, abban az esetben, ha kezdő a hitben valaki, és csak az Úr napját tartja meg szentnek, Isten úgy tekinteti, mintha egy galambot ajánlott volna fel égőáldozatként, ami kis értékű, és elvezeti őt az üdvösség útjára.

Azonban a békeajánlat nem kötelező ajánlat, hanem egy önkéntes felajánlás. Azért ajánlják fel Istennek, hogy választ kapjanak, és áldást az által, hogy kedvesek Istennek. Ha egy kis értékű galambot felajánlanak, elveszti az értelmét és a célját, mint egy különleges felajánlás, és ezért zárták ki a galambokat.

Tegyük fel, hogy valaki áldozatot mutat be, mert egy esküt vagy fogadalmat be akar tartani, vagy egy mély vágyát teljesíteni szeretné, vagy azért, hogy megkapja Isten gyógyító erejét egy gyógyíthatatlan betegségben. Milyen szívvel kell ezt az ajánlatot felajánlania? Még teljesebb mértékben elő kell készítenie, mint a hálaadás-felkínálást, amit rendszeresen végez. Isten a legnagyobb örömmel fogadja, ha felajánlunk neki egy hímbikát, vagy – attól függően, hogy az egyes ember milyen körülmények között él – egy nőstény tehenet, bárányt vagy kecskét, de a galamb értéke, mint felajánlás, túl kevés.

Természetesen ez nem jelenti azt, hogy az „értéke" egy felajánlásnak csak a monetáris értékétől függ. Ha mindenki teljes szívvel és elmével készíti elő a felajánlást, és a lehető legnagyobb gondossággal, a saját körülményeinek megfelelően, Isten megméri a felajánlás értékét az alapján, hogy milyen a szellemi aroma, amit tartalmaz.

## 3. A békeáldozat megadása

**1) A kéz rátétele az áldozati állat fejére, és annak lemészárlása a gyülekezeti sátor ajtajában**

Ha a személy, aki odahozza a felajánlandó állatot, a kezét a fejére teszi a gyülekezet sátorának ajtajában, ezzel a bűneit az állatra átrakja. Amikor valaki, aki békeajánlatot áldoz fel, ráteszi a kezét a felajánlandó állta fejére, elkülöníti azt, mint olyan felajánlást, amit Istennek kell adni, és így felkeni azt.

Annak érdekében, hogy a felkínált állat, amire rárakjuk a kezünket, kedves áldozat legyen Istennek, nem szabad testi gondolatok alapján meghatározni az értékét, hanem a Szentlélek ihletése által kizárólag. Csak az ilyen felajánlásokat fogadja örömmel az Isten, különbözteti meg egymástól, és keni fel.

Miután a kezét a felajánlandó állat fejére helyezi, az áldozó személy az áldozatot megöli a gyülekezet sátorának ajtajában. Az ószövetségi időkben csak a papok mehettek be a szentélybe, és az emberek az állatokat az ajtóban ölték meg. Ugyanakkor, mivel a bűnfalat, amely köztünk és Isten között létezett, Jézus megsemmisítette, ma már bemehetünk a szentélybe, imádhatjuk Istent, és közvetlen és bensőséges kapcsolatot ápolhatunk Vele.

**2) Áron fiai, a papok, lelocsolják az oltár körüli helyet a vérrel**

A Leviták könyve 17:11 ezt tartalmazza: *„Mert a testnek élete a vérben van, én pedig az oltárra adtam azt néktek, hogy engesztelésül legyen a ti életetekért, mert a vér a benne levő élet által szerez engesztelést."* A Zsidók 9:22 pedig ezt mondja nekünk: *„És csaknem minden vérrel tisztíttatik meg a törvény szerint, és vérontás nélkül nincsen bűnbocsánat,"* és emlékeztet arra, hogy csak vér által tudunk megtisztulni. Az Istennek felajánlott békeáldozatokban, melyeket azért mutatunk be, hogy közvetlen és bensőséges szellemi közösségben legyünk Istennel, a vér locsolására azért van szükség, mert az Istennel való kapcsolatunk már megszakadt, soha nem lehetünk békében Vele anélkül, hogy a Jézus Krisztus vére munkálkodna.

A papok locsolása a vérrel az oltáron azt jelenti, hogy bárhová vezethet minket a lábunk, és bármilyen körülmények között találhatjuk magunkat, békességünk van Istennel, mindig. A vér szétszórása az oltár körül azt szimbolizálja, hogy Isten mindig velünk van, velünk sétál, megvéd minket, és megáld bennünket, bárhova megyünk, bármit is teszünk, és bárkivel vagyunk.

### 3) A békeáldozat után egy tűzáldozatot mutatnak be az ÚRNAK

A 3 Mózes kidolgozza azokat a módszereket, amelyekkel fel lehet ajánlani nem csak bikákat, hanem bárányokat és kecskéket is békeáldozatként. Mivel a módszerek szinte egyformák, a bikákra koncentrálunk, mint békeáldozatokra. Összehasonlítva a békefelajánlást az égőáldozattal, tudjuk, hogy a megnyúzott állat minden részét felkínálták Istennek. Az égőáldozat jelentősége a lelki istentisztelet, és mivel az istentiszteletet teljes mértékben felajánlották Istennek, a felkínált állat teljesen elégett.

A békeáldozat során azonban, nem a teljes állatot áldozták fel. Amint a Leviták könyvének 3:3b-4 részében látjuk: *„a kövérjét, a mely a belet takarja, és mindazt a kövérjét, a mely a belek között van. A két vesét is, és a rajtuk lévő kövérséget, a mely a véknyaknál van, és a májon lévő hártyát a vesékkel együtt vegye el,"* A zsírt, amely az állat belsőségeinek részeit takarja, fel kell ajánlani Istennek, mint egy illatos aromát. Az állat különböző részeinek a felajánlása a rajtuk levő zsírral azt jelenti, hogy békében kell lenni Istennel, bárhol is vagyunk, bármilyen körülmények között.

Békében lenni Istennel megköveteli, hogy békében legyünk minden emberrel, és folytassuk a szentséget. Csak akkor, ha minden emberrel békében vagyunk, válhatunk tökéletessé, mint Isten gyermekei (Máté 5:46-48).

Miután a zsírt eltávolítottuk a felajánlásról, azokat a részeket szadik le róla, amelyek a papok részére vannak fenntartva. Azt olvassuk a 3 Mózes 7:34-ben: *„Mert a meglóbált szegyet és* *a felmutatott lapoczkát elveszem Izráel fiaitól az ő hálaadó áldozataikból, és adom azokat Áron papnak és az ő fiainak, örökre kiszabott részül, az Izráel fiaitól."* Ahogy az ételáldozatok részeit fenntartották a papoknak, az emberek által felajánlott békeáldozatok egy része a leviták és papok megélhetésére volt feláldozva, akik Istent és az Ő és népét szolgálták. Ez ugyanígy van az újszövetségi időkben is. Az áldozat által, amit Istennek ajánlanak fel, Isten elvégzi az Ő munkáját, amit a lelkek megmentéséért végez, és biztosítja a megélhetést az Úr szolgái és az egyház dolgozói számára. Miután eltávolították a részeket Isten és a papok számára, a fennmaradó részt az a személy fogyasztja el, aki a felajánlást bemutatta. Ez egy egyedülálló jellemzője a békeáldozatnak. Az, hogy a személy, aki a felajánlást bemutatta, el is fogyasztja azt, azt jelenti, hogy Isten szerint a felajánlás méltó volt az Ő számára, és bizonyítékul válaszokat és áldást küld a felajánlónak.

## 4. A zsír és vér szerződése

Ha egy állat meghalt, felajánlásként Istennek, a papnak a vérét ki kellett locsolnia az oltár körül. Továbbá, mivel a faggyú és a zsír is, mind az Úrhoz tartozott, szentnek tekinthetők, ezért felajánlották őket a füsttel az oltáron, mint illatos aromát, amely Istennek tetsző. Az emberek az ószövetségi időkben nem ettek kövérséget vagy vért, mert a zsír és a vér az élethez kapcsolódik. A vér a hús és a zsír életét jelenti, mint a test lényege, és ugyanaz, mint az élet. A zsír megkönnyíti és zökkenőmentessé teszi az élet tevékenységeit.

Mi a „zsírnak" a spirituális jelentése?

„A kövérség" elsősorban a legnagyobb gondosságot és a tökéletes szívet jelképezi. A zsír odaadása tűzáldozatként azt jelenti, hogy Istennek mindent odaadunk, amink van, és mindent, amik vagyunk. Arra utal, hogy a legnagyobb gondossággal és teljes szívvel, áldozatot mutatunk be Istennek, amely méltó arra, hogy Ő elfogadja tőlünk. Fontos, hogy hálaadáskor mit kínálunk fel az oltárra, hogy elérjük a békét Istennel, és tetsszen Neki, mint ahogy az is fontos, hogy odaadással viseltessünk Isten felé, de még ennél is fontosabb, hogy azzal a fajta szívvel és gondossággal tegyük, amellyel a felajánlást adtuk. Ha valaki, aki rosszat tett az Isten előtt, áldoz annak érdekében, hogy békében legyen Vele, a felajánlást még nagyobb odaadással és tökéletes szívvel kell bemutatnia.

Természetesen, a bűnbocsánat bűn- és a bűntudat-felajánlást igényel. Vannak azonban olyan esetek, amikor azt reméli az ember, egy egyszerű bűnbocsánaton túlmenően, hogy igaz békét kössön Istennel úgy, hogy a kedvére tesz. Például, ha a gyermek rosszat tett az apja ellen, és súlyosan megsebesítette a szívét, az apa szíve elolvadhat, és igazi békét érhetnek el, ha a gyerek mindent megtesz, hogy örömet szerezzen az apjának, nem csak azt, hogy sajnálkozik, hogy ezt tette, és fogadja a megbocsátást a sérelmekért.

Továbbá, a „kövérség" az imádságra és a Szentlélek teljességére is utal. A Máté 25-ben van öt bölcs szűz, aki olajat vitt palackokban a lámpákhoz, és öt balga szűz, akik nem vettek magukhoz olajat, és ily módon megtagadták nekik a belépést az esküvőre. Itt, az „olaj" lelkileg az imádságot és a Szentlélek teljességét jelenti. Csak akkor, ha megkapjuk a Szentlélek teljességét az imádsággal, és éberen el tudjuk kerülni, hogy a világi kívánságok befoltozzanak minket, tudunk várakozni a mi Urunkra, a vőlegényünkre, miután felkészültünk, mint szép menyasszonyok.

Az imánk kell hogy kísérje a békeáldozatunkat, amelyet Istennek felajánlunk, hogy az Ő kedvére lehessünk, és megkapjuk az Ő válaszait. Az imádságunk nem lehet puszta formalitás, hanem teljes szívünkből kell felkínálnunk azt, és mindenünket, amink van, és mindent, amik vagyunk, mint ahogy Jézus verítéke is olyan volt, mint a nagy vércseppek, amelyek lehullnak a földre, amikor imádkozott a Gecsemáné kertben. Bárki, aki imádkozik ilyen módon, biztosan harcolni fog, és leveti a bűnt magáról, megszentelt lesz, és megkapja felülről az inspirációt és a Szentlélek teljességét. Ha ez az ember Istennek békeáldozatot kínál fel, Ő elégedett lesz, és megadja a válaszokat, gyorsan.

A békeáldozat egy felajánlás, amit Istennek nyújtunk át teljes bizalommal, hogy értékes életet vezethessünk az Ő védelme alatt. Amikor Istennel békét kötünk, el kell fordulnunk azoktól a dolgainktól, amelyek kellemetlenek az Ő szemében, teljes szívünkből áldoznunk kell Neki, örömmel, és fogadnunk kell a

Szentlélek teljességét az imádság által. Ezt követően leszünk tele a reménnyel a mennyország iránt, és vezetünk győzedelmes életet azáltal, hogy békét kötünk Istennel. Remélem, hogy minden olvasó mindig megkapja Isten válaszát és áldását, az által, hogy imádkozik a Szentlélek teljességében, teljes szívvel, és olyan hálaáldozatot mutat be Istennek, amely kedves Előtte.

Hatodik fejezet

# Bűn felajánlások

„Szólj az Izráel fiainak, mondván:
Ha valaki tévedésből vétkezik
az Úrnak valamely parancsolata ellen,
úgy a mint nem kellene cselekednie,
és a [parancsolatok] közül valamelyiknek ellene cselekszik:
Ha a felkent pap vétkezik, a népnek romlására:
hozzon az ő bűnéért, a melyet elkövetett,
egy tulkot, fiatal ép marhát az Úrnak bűnáldozatul."

Leviták könyve 4:2-3

## 1. A bűnáldozatok jelentősége és típusai

A Jézus Krisztusba vetett hitünk és az ő vérének a munkája által, minden bűnünket megbocsátották nekünk, és elérkezett a megváltás a számunkra. Ahhoz azonban, hogy a hitünket elismerjék, mint igaz hitet, nem szabad csak az ajkunkkal azt mondanunk: „hiszek," hanem bizonyítanunk kell tettekkel és az igazsággal. Amikor megmutatjuk Isten előtt a hit tetteit bizonyítékként, Isten fel fogja ismerni a hitünket, látni fogja azt, és megbocsát a bűneinkért.

Hogyan kaphatjuk meg a bűnök bocsánatát a hit által? Természetesen Isten mindenik gyermekének mindig a fényben, és nem a bűnben kell sétálnia. Mégis, ha van egy fal, amely Isten és a hívő között áll, aki a bűnt elkövette, amikor még nem volt tökéletes, tudnia kell, hogy mi a megoldás, és ennek megfelelően kell eljárnia. A bűnfelajánlásokkal kapcsolatos megoldások Isten Igéjében megtalálhatóak.

A bűnáldozat, ahogy értelmezzük, egy felajánlás Istennek, mint engesztelés a bűnökért, amelyeket elkövettünk az életünkben, és a módszer aszerint változik, hogy Istentől milyen feladatokat kaptunk, és az egyéni hitünk mértékétől. A 3 Mózes 4 tárgyalja a bűnáldozatot, amelyet egy felkent pap kell hogy felkínáljon, az egész gyülekezet, a vezető, és a köznép is.

## 2. Egy felkent pap bűn felajánlásai

Isten ezt mondja Mózesnek a Leviták könyvének 4:2-3 részében: *"Szólj az Izráel fiainak, mondván: Ha valaki tévedésből vétkezik az Úrnak valamely parancsolata ellen, úgy a mint nem kellene cselekednie, és a [parancsolatok] közül valamelyiknek ellene cselekszik: Ha a felkent pap vétkezik, a népnek romlására: hozzon az ő bűnéért, a melyet elkövetett, egy tulkot, fiatal ép marhát az Úrnak bűnáldozatul."*

Itt, „Izrael elveszett fiai" lelkileg Isten összes gyermekére utal. Az idő, amikor „valaki tévedésből vétkezik az Úrnak valamely parancsolata ellen," az, amikor Isten törvénye, amelyet a Biblia hatvanhat könyve rögzít, sérül. Itt, „Izrael Elveszett Fiai" lelkileg Isten összes gyermekére utal.

Amikor a pap—a mai értelemben a lelkész, aki tanítja és hirdeti Isten Igéjét—megsérti Isten törvényét, a bűn zsoldja még az embereket is utoléri. Mivel nem tanította a híveit az igazság szerint, vagy ő maga nem élt ennek megfelelően, a bűne súlyos, akkor is, ha a bűnt tudtán kívül követte el. Mindazonáltal rendkívül kínos, hogy a lelkész nem értette meg Isten akaratát.

Például, ha egy lelkész rosszul tanítja az igazságot, a nyája el fogja hinni a szavait, szembeszáll Isten akaratával, és az egyház egésze falat épít bűnből Isten előtt. Ő azt mondta nekünk: „Légy szent," „tartózkodj minden formájától a gonosznak," és „Szüntelen imádkozzatok." Nos, mi történne, ha a lelkész ezt mondaná: „Jézus megváltott minket minden bűnünktől. Meg leszünk mentve, ha járunk a templomba"? Amint Jézus mondja a Máté 15:14-ben: *"ha pedig vak vezeti a vakot, mind a ketten a verembe esnek."* A bűn zsoldja a lelkésznek nagy, mert mind ő, mind a nyáj el fog távolodni Istentől. Ha a lelkész így bűnözik "annak érdekében, hogy bűntudatot okozzon a népnek," fel kell ajánlania Istennek a bűnért való áldozatot.

## 1) Egy hibátlan hímbika feláldozása bűnáldozatként

Ha a felkent pap bűnözik, ez azért van, hogy "bűntudatot hozzon a népre," és tudnia kell, hogy a bűn zsoldja nagy. Az 1 Sámuel 2-4-ben azt találjuk, mi történik, ha Éli pap fiai a saját javukra könyvelik el az Istennek felajánlott áldozatokat. Amikor Izrael elvesztette a háborút a filiszteusok ellen, Éli fiait megölték, és 30.000 izraeli gyalogos katona vesztette életét. Még az Isten ládáját is elvették, és Izrael egésze szenvedett.

Éppen ezért az engesztelés felajánlás a legértékesebb kellett hogy legyen: egy hibátlan hímtulkot kellett felajánlani. Az összes felajánlás közül, Isten a legszívesebben a bikákat és a bárányokat fogadja, és a bikák értéke nagyobb. A bűnáldozásért, a papnak nem csak egy hímtulkot kell felajánlania, hanem egy hibátlan hímtulkot, ez azt jelenti, hogy az áldozat nem kínálható fel vonakodva vagy öröm nélkül, valamint minden felajánlásnak egy egész élő áldozatnak kell lennie.

## 2) A bűnáldozat felajánlása

A pap odaviszi a tulkot, amit felajánlott a bűnért, a gyülekezet sátorának ajtajába, az Úr elé, ráteszi a kezét, megöli azt, egy kis vért a gyülekezet sátorába visz; belemártja az ujját a vérbe, és egy részét kilocsolja hétszer az Úr előtt, a Szentély fátyla előtt (3 Mózes 4:4-6). Az, hogy a kezét az állat fejére helyezi, azt jelképezi, hogy az ember a bűneit az állatra áthelyezi. Míg a személy, aki a bűnt elkövette, halált érdemel, azzal, hogy a kezét ráteszi az állat fejére, megkapja a bocsánatát, ha megöli az állatot, amire a bűneit átrakta.

A pap ekkor egy kis vért vett a markába, és szétspriccolta a Szentélyben, a gyülekezet sátrában, a fátyol előtt. A „szentély sátra „egy vastag függöny, amely elválasztja a Szentélyt a Szentek Szentjétől. Az áldozatokat általában nem a Szentélyen belül, hanem az oltáron, a templom udvarán ajánlották fel; a lelkész bement a Szentélybe a bűnáldozat vérével, és szétlocsolta azt a Szentély fátyla előtt, a Szentek Szentje előtt, ahol Isten lakik.

A vérben elmerülő ujj azt szimbolizálja, hogy bocsánatért esdekel a lelkész. Ez azt jelképezi, hogy az ember nem csak az ajkaival vagy csak a fogadalmai révén bűnhődik, hanem a bűnbánat gyümölcsét termi, azáltal, hogy valóban elveti a bűnt és a gonoszságot magából. A vérben elmerülő ujj, és a vér szétlocsolása „hétszer" —a „hét" a tökéletes szám a spirituális birodalomban—azt jelenti, hogy teljesen levetkőzi a bűneit az áldozatot bemutató. Tökéletes megbocsátás csak akkor létezik, ha valaki teljesen levetette a bűneit, és nem vétkezik többé.

Az illatos tömjén oltárárának szarvaira az Úr előtt a lelkész rálocsol egy kis vért a gyülekezet sátorában, és az összes vért az égőáldozat oltárára locsolja a gyülekezet sátránk az ajtajában (3 Mózes 4:7). Az illatos tömjén oltára – a tömjén oltára – egy oltár, amelyet arra készítenek elő, hogy a tömjént elégessék rajta.

Amikor a tömjént meggyújtották, Isten elfogadta a tömjént. Továbbá, a szarvak a Bibliában a királyt és a méltóságát, tekintélyét képviselik, a Királyra, a mi Istenünkre utalnak (Jelenések 5:6). Az illatos tömjén és a szarvak oltárán a vér elhelyezése annak a záloga, hogy a felajánlást elfogadta Isten, a mi királyunk.

Nos, hogyan lehet gyakorolnunk ma bűnbánatot oly módon, hogy Isten elfogadja? Azt már említettük korábban, hogy a bűnt és a gonoszságot úgy vetkőzték le magukról régen, hogy az ujjukat a vérbe mártották, és szétlocsolták azt. Miután gondolkodtunk, és megbántuk a bűneinket, a szentélyhez kell mennünk, és be kell vallanunk a bűneinket az imádságunkban. Csakúgy, ahogy a felajánlott állat vére a szarvakra került, hogy az Isten elfogadja azt, a mi Istenünk elé kell járulnunk, és fel kell ajánlanunk Neki az imádságunkat és a bűnbánatunkat. El kell mennünk a szentélyhez, le kell térdelnünk, és imádkoznunk kell a Jézus Krisztus nevében, a Szentlélek munkálkodása közben, aki lehetővé teszi, hogy a bűnbánat szelleme megszálljon bennünket.

Ez nem jelenti azt, hogy meg kell várni, amíg a Szentélyhez megyünk, hogy megtérjünk. Abban a pillanatban, hogy rájövünk: rosszat tettünk Isten ellen, azonnal bűnbánatot kell tartanunk, és el kell fordulnunk a bűntől. Itt, a szentély elé járulás a szombatra vonatkozik, ami az Úr napja.

Bár csak felkent papok tudtak kommunikálni Istennel az ószövetségi időkben, mivel a Szentlélek mindannyiunk szívébe beköltözött, ma már tudunk imádkozni, és közvetlen és bensőséges kapcsolatban lehetünk Istennel, miközben a Szentlélek dolgozik bennünk. Bűnbánó imát egyedül is fel lehet ajánlani, a Szentlélek munkálkodása közepette. Ne feledjük azonban, hogy minden ima akkor lesz teljes, ha az Úr napját megtartjuk szentnek.

Az a személy, aki nem tartja be az Úr napját nincs bizonyítéka arra, hogy ő Isten gyermeke, és nem kaphat bocsánatot spirituális értelemben, akkor sem, ha saját maga mond bűnbánó imát. A bűnbánatot Isten elfogadja kétségkívül, nem csak akkor, amikor az ember bűnbánatot ajánl fel—saját magától, amikor felismeri, hogy vétkezett—hanem akkor is, amikor formálisan bűnbánó imát mond újra, az Isten Szentélyében, az Úr Napján.

Miután a vér felkerült a szarvakra az illatos tömjén oltárán, az összes vért kiöntik az égőáldozat oltárának alapjára. Ezzel az aktussal teljesen felajánlják Istennek a vért, ami a felajánlás élete, és lelkileg azt jelenti, hogy megbánjuk teljesen a bűnünket, odaadó szívvel. Az Isten ellen elkövetett bűnök bocsánatának fogadása teljes bűnbánatot igényel, teljes szívünkből, elménkből, és a legőszintébb erőfeszítésünket. Bárki, aki Istennek igazi bűnbánatot mutatott, nem meri elkövetni ugyanazt a bűnt újra Isten előtt.

Ezután a pap eltávolítja a zsírt a tulokról, amelyet bűnáldozatként ajánlanak fel, és az égőáldozat oltárán a füsttel felajánlja, ugyanazzal az eljárással, mint a békeáldozat esetében, és kihozza a táboron kívülre, ahol a hamut kiönti, és elégeti a bőrt, a bika húsát és a fejét mind, a lábait, és a beleit (3 Mózes 4:8-12). „Felkínálni a füsttel" azt jelenti, hogy az igazságban az ember egója megsemmisül, és csak az igazság marad fenn. Ahogy a békeáldozatról a zsírt eltávolítják, a bűnáldozatról is eltávolítják a zsírt, majd felkínálják a füsttel az oltáron. A tulok zsírjának felkínálása a füsttel az oltáron azt jelenti, hogy csak a teljes szívvel, elmével, és a lehető legnagyobb akarattal felajánlott áldozat fogadható el Istennek.

Míg az égőáldozat összes részét felajánlották a füsttel az oltáron, a bűnáldozatban minden részt, kivéve a zsírt és a veséket, elégettek a táboron kívül a tűzön, ahol a hamut kiöntik. Miért van ez így?

Mivel az égőáldozat egy lelki istentisztelet, amelynek célja, hogy Istennek kedvére legyünk, és elérjük azt, hogy közösségben legyünk Vele, azért kínáljuk fel, hogy a füsttel az oltáron elégjen a templomban. Mivel azonban a bűnáldozat azért van, hogy megváltson minket a tisztátalan bűneinktől, nem lehet a füsttel az oltáron felkínálni a templomban, ezért egy olyan helyen kell teljesen elégetni, amely messze van onnan, ahol az emberek élnek.

Még ma is, arra kell törekednünk, hogy teljesen levetkőzzük a bűneinket, amelyeket megbántunk Isten előtt. A Szentlélek tüzénél el kell égetnünk az arroganciát, a büszkeséget, a régi önmagunkat, amikor világi életet éltünk, a bűnös test cselekedeteit, amelyek helytelenek Isten előtt, és hasonlók. Az áldozat, amelyet felajánlottak a füsttel – a bika – már elvitte a felajánló bűneit, aki rátette a kezét az állat fejére. Így innentől kezdve, a személynek olyan áldozatnak kell látszania, amellyel elégedett az Isten.

E célból, mit kell ma tennünk? A spirituális jelentőségét annak, hogy miben hasonlít a feláldozott tulok Jézusra, aki meghalt, hogy megváltson minket a bűntől, korábban leírtuk. Ezért, ha már megbántuk a bűneinket, és felajánlottuk az áldozati állat minden részét, onnantól kezdve, mint egy felajánlás, amelyet Istennek mutatnak be, át kell alakítanunk magunkat, ugyanúgy, ahogy a mi Urunk áldozattá vált a bűneinkért. Ha szorgalmasan szolgáljuk a gyülekezeti tagokat a mi Urunk nevében, lehetővé kell tennünk, hogy a hívők kirakják a terheiket, és el kell látnunk őket az igazsággal, és jó dolgokkal. Ha segítjük a gyülekezet tagjait, hogy ápolják a szívmezejüket a könnyek, kitartás és az ima által, át fognak alakulni Isten valódi, megszentelt gyermekeivé. Isten a bűnbánatunkat igaznak tekinti, és elvezet minket az útra, ahol áldást nyerünk.

Bár nem vagyunk lelkészek, ahogy az 1 Péter 2:9-ben olvassuk: *„Ti pedig választott nemzetség, királyi papság, szent nemzet, megtartásra való nép vagytok, hogy hirdessétek Annak hatalmas dolgait,"* mindannyian, akik hiszünk az Úrban, tökéletessé kell válnunk, mint a papok, és Isten igazi gyermekeivé.

Továbbá, egy felajánlást, melyet Istennek adunk, megtérésnek kell kísérnie, amikor engesztelést kérünk az emberi bűneinkért. Bárki, aki mélyen sajnálja, és megbánja a bűneit, természetesen áldozatokat fog bemutatni, és ha az ilyen tetteket kíséri a jó szív, teljes megtérésre találunk Isten előtt.

## 3. A teljes gyülekezet bűn felajánlása

*„Hogyha pedig az Izráel fiainak egész közönsége megtéved, és a gyülekezet előtt rejtve marad e dolog; és valami olyat cselekesznek az Úrnak valamelyik parancsolatja ellen, a mit nem kellett volna cselekedni, és bűnösökké lesznek: Mikor kitudódik a bűn, a melyet elkövettek: akkor áldozzék a gyülekezet egy tulkot, fiatal marhát a bűnért, és vigye azt a gyülekezetnek sátora elé"* (Leviták könyve 4:13-14).

A mai értelemben, „az egész gyülekezet bűne" kifejezés az egész egyházra utal. Például, vannak esetek, amikor klikkek keletkeznek egy templomon belül a lelkészek, presbiterek, vagy diakonisszák között, és ez bajt jelent az egész gyülekezet számára. Ha a klikkek már kialakultak, elindulnak a viták, majd az egyház egésze végül vétkezik, és létrehoz egy magas bűnfalat Isten előtt, mivel a gyülekezet legtöbb tagja meginog a viták miatt, és rosszat mond, vagy rossz érzéseket támaszt egymás ellen.

Még Isten is azt mondta nekünk, hogy szeressük az ellenségeinket, szolgáljunk másokat, alázzuk meg magunkat, legyünk békében minden emberrel, és kövessük a szentséget. Milyen kínos és sajnálatos Istennek, ha az Úr szolgái, vagy a hívek között viszály van, vagy ha a testvérek a Krisztusban szembekerülnek egymással! Ha ilyen incidensek sorra kerülnek egy egyházban, akkor nem kapják meg Isten védelmét, nem lesz újjáéledés, és nehézségek követik az egyháztagokat otthon és az üzleti életükben.

Hogyan kaphatjuk meg a bocsánatot egy olyan bűnért, amelyet az egész gyülekezet követett el? Amikor az egész gyülekezet bűne kitudódik, ez annak felel meg, hogy egy bikát hoznak a gyülekezet sátra elé. A vének majd a kezüket a felajánlandó állat fejére teszik, megölik az Úr előtt, és felajánlják Istennek ugyanúgy, mint a pap tette a bűnáldozat esetében. Az áldozat a bűnfelajánlás esetén, melyet a papok mutatnak be, és a teljes gyülekezet számára történő áldozás azonos értékű. Ez azt jelenti, hogy Isten szemében, a bűn súlya ugyanaz a papok és az egész gyülekezet esetében.

Mégis, míg a pap bűnéért az áldozatnak egy tökéletes tuloknak kell lennie, az áldozatnak, melyet az egész gyülekezet bűnéért ajánlanak fel, csak egy hímtuloknak kell lennie. Ennek az az oka, hogy nem könnyű az egész gyülekezetnek, hogy egyetlen szívvel tegyen felajánlást, örömmel és hálával.

Amikor az egyház egésze vétkezett, és a tagok szeretnék, hogy bűnbánatot tartsanak, akkor lehetséges, hogy közöttük vannak olyan emberek, akik nem hisznek, vagy olyanok, akik nem hajlandók megbánni a bűnüket, mert nyugtalanság van a szívükben. Mivel nem könnyű az egész gyülekezetnek, hogy egy hibátlan áldozatot mutassanak be, Isten megmutatta az irgalmát ebben a tekintetben. Még ha néhány ember nem is tudja teljes szívvel bemutatni az áldozatot, ha a gyülekezet tagjainak nagy része bűnbánatot tart, és elfordul a bűneitől, Isten elfogadja a bűnáldozatot, és megbocsát.

Mivel nem minden tagja a gyülekezetnek tudja a kezét a

felajánlandó állat fejére tenni, a gyülekezet vénei, a gyülekezet nevében a kezüket ráhelyezik az állat fejére, amikor az egész gyülekezet felajánlja Istennek a bűnért való áldozati állatot. A többi eljárás megegyezik a papok bűnért való áldozatával, minden egyes lépésben, onnantól, hogy a pap belemártja az ujját a vérbe, hétszer szétspriccolja azt a szentély fátyla előtt, egy kis vért az illatos tömjén oltárának a szarvaira locsol, és az égőáldozat többi részét elégeti teljesen, a táboron kívül. A spirituális jelentősége ezeknek az eljárásoknak az, hogy teljesen elfordultak a bűntől. Fel kell ajánlanunk a bűnbánat imádságát a Jézus Krisztus nevében, és a Szentlélek munkái által, Isten szentélyében, hogy a bűnbánatot „hivatalosan" is elfogadja Isten. Miután az egész gyülekezet megbánta a bűnét, egy szívvel ily módon, a bűnt soha nem szabad újra megismételni.

## 4. Egy vezető bűn felajánlása

A Leviták könyvének 4:22-24 részében ezt olvassuk:

> *„Ha fejedelem vétkezik, és cselekeszik valamit az Úrnak, az ő Istenének parancsolata ellen, a mit nem kellett volna cselekedni, és bűnössé lesz tévedésből: Ha tudtára esik néki a bűne, a melyet elkövetett, akkor vigyen áldozatul egy ép kecskebakot, És tegye kezét a baknak fejére, és ölje meg azt azon a helyen, a hol megölik az egészen égőáldozatot, az Úr előtt;*

*bűnért való áldozat ez."*

Míg alacsonyabb rangúak, mint a papok, a "vezetők" más társadalmi osztályban vannak, mint a közönséges emberek. Ezért a vezetőknek kecskebakot kell felajánlaniuk. Ez kevesebb, mint a hímtulkok, amelyeket a papok ajánlanak fel, de több, mint a kecskegidák, amelyeket a köznép ajánlott fel, mint bűnáldozatot. A mai értelemben a "vezetők" egy templom vagy mozgócsapat vezetői, vagy vasárnapi tanárok. A vezetők azok, akik iránymutatással szolgálnak az egyház tagjainak. Ellentétben a laikus tagokkal vagy a kezdő hívőkkel, Isten elkülönítette őket, és még akkor is, ha ugyanazt a bűnt követik el, a vezetőknek nagyobb gyümölcsét kell bemutatniuk a bűnbánatnak.

A múltban, a vezető rátette a kezét a hibátlan kecskebak fejére, ezzel átadta a bűneit neki, aztán megölte Isten előtt. A vezető bocsánatot kap, amikor a pap belemártja az ujját a vérbe, rákeni azt az égőáldozat oltárán lévő szarvakra, és kiönti a többi vért az égőáldozat oltárának alapjára. Mint a békeáldozat esetében is, a felajánlott állat zsírját felkínálják a füsttel az oltáron.

Ellentétben a pappal, a vezető nem locsolja szét a felajánlandó állat vérét a szentély fátyla előtt. Amikor bemutatja a bűnbánatát, az által teszi, hogy a vért az égőáldozat oltárának szarvaira keni, és Isten elfogadja azt. Ez azért van, mert a hit mértéke eltér egy pap és egy vezető esetében. Ahogy a pap soha nem bűnözhetett, miután bűnbánatot tartott, szét kellett spriccolnia az áldozat vérét hétszer, ami a tökéletes szám spirituális értelemben.

A vezető azonban lehet, hogy öntudatlanul bűnbe esik

ismét, ezért neki nem parancsolják meg, hogy locsolja szét a vért hétszer. Ez annak a jele, hogy Isten szereteti és megkegyelmez az embernek, mert Ő meg akarja kapni a bűnbánatot minden embertől, a hitének megfelelően, és megbocsátást akar adni. Eddig a bűnért való áldozatot néztük meg, és a „papot" „lelkésznek" és „vezetőnek" neveztük, vagy „olyan munkavállalónak, aki vezető pozíciót tölt be." Azonban ezek a hivatkozások nem korlátozódnak csak az Isten által adott feladatokra a templomban, a hit mértékére utalnak minden hívő esetében.

A lelkésznek megszentelté kell válnia a hit által, mert megbízzák azzal, hogy a hívők nyáját vezesse. Az csak természetes, hogy a csapat útmutatójának, vagy a vasárnapi iskola tanárának a hite más szinten van, mint egy közönséges hívőé, akkor is, ha még nem érte el a teljes szentséget. Mivel a hit szintje eltérő a lelkész, egy átlagos hívő és egy csoportvezető esetén, a bűn jelentősége és a bűnbánat szintje, amelyet Isten elvár, különbözik, még ha mind azonos bűnt követtek is el.

Ez nem jelenti azt, hogy megengedett a hívőnek így gondolkodni: „Mivel a hitem még nem tökéletes, Isten ad még egy esélyt, ha bűnt követek el később," és így bűnbánatot tart. A megbocsátásra Istentől, a bűnbánatra válaszként nem kerül sor, ha valaki tudatosan és szándékosan követ el bűnt, csak akkor, ha valaki öntudatlanul vétkezett, és rájött később, hogy vétkezett, és kérte az Ő bocsánatát. Továbbá, ha egyszer már elkövetett egy bűnt, és megbánta, Isten csak akkor fogadja el a bűnbánatát, ha mindent megtesz a buzgó imájával azért, hogy soha ne kövesse el ugyanazt a bűnt újra.

## 5. Az egyszerű emberek bűn felajánlása

A „hétköznapi emberek" olyan emberek, akiknek kevés a hite, vagy az egyházközösség rendes tagjai. Ha a hétköznapi ember elkövet bűnöket, akkor ezt a kis hit állapotában követi el, és így a súlya a bűnének kisebb, mint egy pap, vagy egy vezető bűnéé. A hétköznapi embernek egy nőstény kecskét kell felajánlania a bűnéért, aminek kisebb a jelentősége, mint a hibátlan bakkecskéé. Ahogy egy bűnért, amit egy pap követ el vagy egy vezető, a pap az ujját a vérbe mártja, ha az áldozat egy hétköznapi embertől származik, az oltár szarvára kenik a vért, ha égőáldozatról van szó, és a megmaradt vért kiöntik az oltárnál.

Bár valószínűsíthető, hogy egy közönséges személy bűnt követ el újra, egy későbbi időpontban a kis hite miatt, ha megbánja, és rendbe teszi a szívét a bűnbánat miatt, miután elkövette a bűnt, Isten megmutatja neki az Ő együttérzését, és megbocsát neki. Továbbá az is, hogy Isten megparancsolta, hogy „egy nőstény kecskét" kell felajánlani, arra utal, hogy ezen a szinten könnyebb lehet megbocsátani a bűnöket, mint amely bűnökért egy bakkecskét vagy bárányt kell felkínálni. Ez nem azt jelenti, hogy Isten megengedi a mérsékelt bűnbánatot. Istennek igaz bűnbánatot kell mutatni, eldöntve, hogy soha nem vétkezik többé az illető.

Amikor valaki kevés hittel rájön, és megbánja a bűneit, és mindent megtesz, hogy ne kövesse el ugyanazt a bűnt újra, a gyakoriság, amellyel bűnözhet, tízről ötre vagy háromra csökken, és végül teljesen megszabadul a bűntől. Isten elfogadja a bűnbánatot, amelyet a gyümölcs kísér. Ő nem fogad el bűnbánatot, még egy kezdő hívőtől sem, ha a bűnbánat csak beszédből áll, a szív bekapcsolása nélkül.

Isten örülni fog, és imádni fogja a kezdő hívőt, aki azonnal megbánja bűneit, amikor felismeri őket, és szorgalmasan kiküszöböli őket. Ahelyett, hogy biztosítja magát: „Itt tartok a hitben, ez elég nekem," amennyiben nem csak a bűnbánatban, hanem imában, istentiszteletben, és minden más szempontból az életét Krisztusban éli, és ha arra törekszik, hogy túlmutasson a saját képességein, túláradó szeretetet és áldást kap Istentől

Ha valaki nem engedhette meg magának, hogy egy nőstény kecskét ajánljon fel, ezért egy bárányt áldozott fel, a báránynak is hibátlan nősténynek kellett lennie (3 Mózes 4:32). A szegények két gerlicét vagy két galambot ajánlottak fel, és a még szegényebbek egy kis finomlisztet (3 Mózes 5:7, 11). Az igazság Istene ily módon osztályozta és fogadta el a bűnáldozatokat, az egyes ember hitének mértéke szerint.

Eddig megnéztük, hogyan kell engesztelést és békét kötnünk Istennel úgy, hogy megvizsgáltuk a bűnáldozatokat, amelyeket a különböző rangú és különböző feladatokat ellátó emberek mutattak be Neki. Remélem, minden olvasó békét köt Istennel úgy, hogy mindig követi saját Isten-adta kötelességét, és a hite állapotát, valamint alaposan megbánja a hibákat és bűnöket, amelyek bűnfalat alkotnak közte és Isten között.

Hetedik fejezet

A bűntudat áldozata

„Ha valaki hűtlenséget követ el,
és tévedésből vétkesen elvesz az Úrnak szentelt dolgokból:
vigyen az ő vétkéért való áldozatot az Úrnak,
egy ép kost a nyájból, a mint te becsülöd,
ezüst siklusokban, a szent siklus szerint,
vétekért való áldozatul."

Leviták könyve 5:15

## 1. A bűntudat áldozatok jelentősége és típusai

A bűntudat-áldozatot azért mutatják be Istennek, hogy bocsánatot nyerjenek egy elkövetett bűnért. Amikor Isten népe vétkezik Ellene, bűntudat-áldozatot kell felkínálniuk Neki, és meg kell hogy térjenek Előtte. Attól függően, hogy milyen bűnt követett el, ennek a személynek azonban, nem csak a szíve bűnös dolgaitól kell elfordulnia, hanem felelősséget is kell hogy vállaljon a sérelmekért.

Például, egy személy kölcsön vesz valamit egy barátjától, és véletlenül tönkre teszi azt. Itt, a személy nem mondhatja ezt: „sajnálom." Nem csak bocsánatot kell kérnie, hanem meg kell térítenie a barátja kárát. Ha az ember nem tudja megtéríteni természetben az értéket, akkor a kárral azonos összeget ki kell fizetnie a veszteségért. Ez igazi bűnbánat.

Egy bűntudat-áldozat felkínálása békekötést jelent az által, hogy kárpótlást adunk, vagy felelősséget vállalunk a sérelmekért. Ugyanez vonatkozik a megtérésre Isten előtt. Ahogy kompenzálni kell a kárt, amit okoztunk a testvéreinknek a Krisztusban, úgy bizonyítani kell, hogy megfelelő bűnbánatot gyakoroltunk, miután Ellene vétkeztünk ahhoz, hogy a bűnbánatunk teljes legyen.

## 2. A bűntudat áldozatok felajánlásának körülményei és módszerei

### 1) Miután hamisan tanúskodott

A Leviták könyve 5:1 ezt tartalmazza: *"Ha azzal vétkezik valaki, hogy hallotta a káromló beszédet, és bizonyság lehetne, hogy látta, vagy tudja: ha meg nem jelenti azt, de hordozza az ő vétségének terhét."* Vannak esetek, amikor az emberek – még az után is, hogy megesküdtek, hogy az igazat mondják – hamis vallomást tesznek, amikor a saját érdekeik forognak kockán.

Például, tegyük fel, hogy az Ön saját gyermeke bűncselekményt követ el, és egy ártatlan személyt vádolnak a bűncselekménnyel. Ha a tanúk padjára kerül Ön, gondolja, hogy képes lesz arra, hogy pontos vallomást tegyen? Ha csendben marad a gyermeke védelmében, és ezzel kárt okoz másoknak, az emberek talán nem tudják meg az igazságot, de Isten figyel mindent. Ezért a tanú köteles úgy tanúskodni, ahogy ő látta, és hallotta, ami történik, annak érdekében, hogy egy tisztességes eljárás keretében, senki ne szenvedjen igazságtalanul.

Ez ugyanígy van a mindennapi életben is. Sokan nem tudják pontosan közvetíteni, amit láttak és hallottak, és a saját ítéleteik alapján téves információt szolgáltatnak. Mások hamis vallomást tesznek, mintha láttak volna valamit, valójában azonban semmit sem láttak. Az ilyen hamis tanúvallomások miatt ártatlan embereket hamisan vádolnak meg olyan bűncselekményekkel, amelyeket nem követtek el, és ezért igazságtalanul szenvednek. Jakab 4:17-ben ezt találjuk: *"A ki azért tudna jót cselekedni, és nem cselekeszik, bűne az annak."* Isten gyermekei, akik ismerik az igazságot, fel kell hogy ismerjék az igazságot, és helyes vallomást kell hogy tegyenek, hogy mások ne találják magukat nehéz helyzetben, vagy ne érje őket kár.

Ha a jóság és az igazság megtelepedtek a szívünkben, mindig őszintén fogunk beszélni, mindenben. Nem beszélünk rosszat senkiről, és nem hibáztatunk senkit, nem torzítjuk el az igazságot, és nem adunk irreleváns válaszokat. Ha valaki ártott másoknak azzal, hogy elkerülte, hogy nyilatkozzon, akkor Istennek bűntudat-áldozatot kell felkínálnia.

## 2) Miután kapcsolatba kerültünk a tisztátalan dolgokkal

A Leviták könyve 5:2-3-ban ezt olvassuk:

> *Vagy ha valaki illet akármely tisztátalan dolgot, akár tisztátalan vadnak, akár tisztátalan baromnak, akár tisztátalan féregnek holttestét, és nem tud arról, hogy tisztátalanná lesz és vétkezik; Vagy ha illeti az ember tisztátalanságát, akármi tisztátalanságát, a mely tisztátalanná tesz, és nem tudta azt, hanem azután értette meg, hogy vétkezett.*

Itt, a „semmi tisztátalan" spirituális értelemben minden hazug viselkedésre vonatkozik, ami az igazság ellen van. Az ilyen viselkedés magában foglal mindent, amit látott, hallott, vagy beszélt, valamint mindent, amit érzett a testével és a szívével az ember. Vannak dolgok, amelyeket—mielőtt az igazságot megismertük volna—nem tartottunk bűnnek. Miután megismertük az igazságot azonban, megfontoljuk ezeket a dolgokat, mint amelyek helytelenek Isten szemében. Például, amikor nem ismertük Istent, lehet, hogy találkoztunk erőszakkal és obszcén dolgokkal, mint például a pornográfia, de akkor még nem vettük észre, hogy az ilyen dolgok tisztátalanok. Azonban, miután elkezdtük az életünket a Krisztusban, megtudtuk, hogy az ilyen dolgok az igazság ellen valók. Ha felismerjük, hogy tisztátalan dolgokat követtünk el, ha az igazsággal összemérjük azokat, bűnbánatot kell tartanunk, és fel kell ajánlanunk Istennek a bűntudat-áldozatunkat.

Még a Krisztusban történő életünkben is, vannak esetek, amikor akaratlanul meglátjuk és meghalljuk a gonosz dolgokat. Jó lenne, ha meg tudnánk őrizni a szívünket az után is, miután láttunk vagy hallottunk ilyen dolgokról. Mégis, mivel fennáll annak a lehetősége, hogy a hívő nem tudja megőrizni a szívét, hanem elfogadja ezeket az érzéseket, amelyek az ilyen tisztátalan dolgokkal járnak, meg kell bánnia azonnal őket, felismerve a bűnét, és felajánlva Istennek a bűntudat-áldozatát.

### 3) Miután megesküdtünk

A Leviták könyve 5:4 ezt tartalmazza: *"Vagy ha valaki hirtelenkedve tesz esküt az ő ajkaival rosszra vagy jóra, vagy akármi az, a mire hirtelenkedve esküszik az ember, ha nem tudott arról, de azután megértette, hogy azok közül valamelyikben vétkezett."*

Miért tiltja meg Isten nekünk a káromkodást, a fogadkozást

vagy az esküt? Természetes, hogy Isten megtiltja nekünk, hogy megesküdjünk, hogy „rosszat teszünk," de azt is tiltja, hogy megesküdjünk, hogy „jót teszünk," mert az ember nem tudja 100%-ban betartani, amire megesküszik (Máté 5:33-37; Jakab 5:12). Amíg nem tökéletesedik valaki az igazság által, a szíve inogni fog a saját előnyei és érzelmei szerint, és nem tartja meg, amit megfogadott. Sőt, vannak esetek, amikor az ellenséges ördög és a Sátán zavarja a hívők életét, és megakadályozza őket abban, hogy teljesítsék az esküjüket, így létre hozva az alapot, hogy a hívőket meg lehessen vádolni. Tekintsük ezt a szélsőséges példát: tegyük fel, hogy valaki megesküszik, hogy „ezt és ezt teszem holnap", de ma meghal hirtelen. Hogy tudta teljesíteni az esküjét?

Emiatt, soha nem szabad megesküdni, hogy rosszat teszünk, és ahelyett, hogy esküdözünk, inkább imádkoznunk kell Istenhez, és keresni az Ő erejét. Például, ha egy személy megfogadta, hogy imádkozni fog szüntelenül, ahelyett, hogy ezt mondja: „Elmegyek a minden napi esti imára," azt kell imádkoznia: „Istenem, segíts nekem, hogy szüntelenül imádkozzak, és őrizz meg engem az ellenséges ördög és a Sátán hatalmától." Ha valaki sietve esküdött meg, meg kell bánnia, és fel kell ajánlania Istennek a bűntudat-áldozatát.

Ha a fenti három esetből egyikben is bűn van, a személy *„vigyen az ő vétkéért az Úrnak, az ő bűnéért, a melyet elkövetett, egy nőstény bárányt vagy kecskét a nyájból, bűnért való áldozatul. Ekképen szerezzen néki engesztelést a pap az ő* *bűnéért"* (Leviták könyve 5:6).

Itt, a bűnért való áldozat, ahogy már láttuk, azt jelenti, hogy a bűnözés után Isten előtt bűnbánatot tartunk, majd teljesen elfordulunk a bűntől. Ez azért van, mert a bűnökért, amelyekért bűntudat-felajánlásokat kell felkínálni, bűn-felajánlásokat is fel kell ajánlani. Azt is elmagyaráztuk, hogy ha a bűn nem csak azt kívánja meg, hogy valaki elforduljon a szívével a bűntől, hanem azt is, hogy vállalja a felelősséget, a bűntudat-felajánlás a bűnbánatát tökéletessé változtatja, ha valamely veszteségért vagy sérülésért megfizet, vagy vállalja a felelősséget bizonyos tettekért.

Ilyen körülmények között a személy nem csak, hogy kártérítést kell felkínáljon, hanem Istennek bűntudat-áldozatot kell bemutatnia a bűnéért, merthogy Isten előtt is bűnbánatot kell tartania. Még ha az ember rosszat tett is egy másik személy ellen, mivel bűnt követett el, mint Isten gyermeke, ő is bűnbánatot kell hogy tartson a mennyei Atya előtt.

Tegyük fel, hogy egy ember félrevezette a húgát, és birtokba vette az ő tulajdonát, mintha az övé lenne. Ha a fiútestvér bűnbánatot kíván tartani, akkor először rendbe kell tennie a szívét, mielőtt Isten előtt megtér, és le kell vetnie a kapzsiságot és a megtévesztést magáról. Aztán meg kell kapnia a bocsánatot a testvérétől, akivel szemben rosszat tett. Nem csak a szájával kell bocsánatot kérnie, hanem kártalanítania kell a testvérét a sok veszteségért, amit ő okozott neki. Itt, az ember „bűnáldozata" az a tett, amellyel elfordult a bűnös dolgaitól, és bűnbánatot tartott Isten előtt, míg a „bűntudat-áldozata" az a cselekmény, amellyel megbánja a bűneit, a húga bocsánatát kéri, és kártéríti a veszteségéért.

A 3 Mózes 5:6-ban Isten megparancsolja, hogy ha bűnáldozatot mutatunk be, amelyet bűntudat-áldozat kísér, egy nőstény bárányt vagy kecskét kell felajánlanunk. A következő versben azt olvassuk, hogy bárki, aki nem engedheti meg magának, hogy egy bárányt vagy kecskét ajánljon fel, annak két gerlicét vagy két galambot kell felkínálnia, mint bűntudatáldozatot. Ne feledje, hogy két madarat kell felkínálni. Az egyiket a bűnért való áldozatul, a másikat pedig égőáldozatul.

Miért parancsolta Isten meg, hogy égőáldozatot ajánljanak fel ugyanakkor, amikor a bűnért két gerlicét vagy két galambot áldoztak fel? Az égőáldozat azt jelenti, hogy a szombatot szentnek megtartják. A lelki istentiszteletben ez az Istennek nyújtott szolgálat minden vasárnap. Ezért a két gerlice vagy két galamb felajánlása, mint bűnáldozat, az égőáldozat mellett azt sugallja, hogy az ember megtérése akkor lesz tökéletes, ha az Úr napját megtartja szentnek. A tökéletes bűnbánat nem csak akkor kéri a bűnbánatot, amikor rájön, hogy vétkezett, hanem az Úr napján is, amikor megvallja a bűneit, és megtér Isten szentélyében.

Ha valaki annyira szegény, hogy nem képes még gerlét vagy fiatal galambot sem felajánlani, akkor fel kell ajánlania Istennek egy tized efát (mértékegység, körülbelül 22 liter, vagy 5 gallon) finomliszt felajánlásként. A bűnáldozatot egy állat által mutatják be, mivel a megbocsátáshoz ez kell. De az Ő kegyelme miatt, Isten megengedte a szegényeknek, akik nem tudtak egy állatot felajánlani, hogy lisztet mutassanak be helyette, hogy ők is megkapják bűneik bocsánatát.

Van egy kis különbség a bűnért adott liszt- és a liszttel adott gabonaáldozat között. Míg olajat és tömjént öntöttek a gabonaáldozatra annak érdekében, hogy az illatos legyen, és gazdagabbnak tűnjön, a bűnáldozat esetében nem volt olaj vagy tömjén az áldozaton. Miért van ez így? Meggyullasztani egy engesztelő áldozatot ugyanazt jelenti, mint az ember bűnének az elégetése.

Az a tény, hogy nem adnak olajat vagy tömjént a liszthez, spirituálisan elmondja, hogy milyen hozzáállással kell az embernek Isten előtt bűnbánatot mutatnia. Az 1 Királyok 21:27 azt mondja, hogy amikor Akháb király megtért Isten előtt, *"megszaggatá az ő ruháit, és zsákba öltözék és bőjtöle, és a zsákban hála, és nagy alázatossággal jár vala."* Amikor valaki a szívét rendbe teszi a bűnbánat által, akkor természetesen viselkedni fog, önkontrollt gyakorol, és megalázza magát. Óvatos lesz a beszéde, és a mód, ahogyan viselkedik, és bemutatja Istennek, hogy arra törekszik, hogy visszafogott életet éljen.

**4) Miután a szent dolgok ellen bűnözik, vagy a testvéreinek a Krisztusban kart okoz**

A Leviták könyvének 5:15-16 verseiben ezt olvassuk:

*Ha valaki hűtlenséget követ el, és tévedésből vétkesen elvesz az Úrnak szentelt dolgokból: vigyen az ő vétkéért való áldozatot az Úrnak, egy ép kost a nyájból, a mint te becsülöd, ezüst siklusokban, a szent siklus szerint, vétekért való áldozatul. És a mit vétkesen elvett a szent dologból, azt fizesse meg, és tegye hozzá az ötödrészét, és adja azt a papnak. Így szerez néki engesztelést a pap a vétekért való áldozat kosával, és megbocsáttatik néki.*

Isten szentélyére, vagy az összes dologra utal, amelyek Isten szentélyében vannak. Még egy lelkész, vagy az egyén, aki a felajánlást bemutatta, sem veheti el, használhatja, vagy adhatja el szándékosan azt, ami Istennek volt félre téve, és ezért szent. Továbbá, a dolgok, amelyeket meg kell tartani szentnek, nem korlátozódnak csak a „szent dolgokra," hanem az egész szentélyre vonatkoznak. A szentély az a hely, amelyet Isten különített el, és amelyre rátette a Nevét.

Nem lehet világi vagy hamis szavakat kiejteni a szentélyben. Azok a hívők, akik szülők is, meg kell tanítsák a gyerekeiket, hogy ne fussanak és játszanak, ne keltsenek zavaró zajokat, ne legyenek tisztátalanok, vagy okozzanak rendetlenséget, vagy a szent dolgokat a szentélyben ne tegyék tönkre.

Ha Isten szent dolgai elpusztulnak véletlenül, az a személy, aki tönkretette őket, helyettük egy másikat kell pótolnia őket, amely jobb, tökéletesebb, és hibátlan. Továbbá, a pótlás nem lehet az az összeg, vagy érték, amely a sérült cikket jellemezte, és az „egyötöd részét" fel kell kínálni bűntudat-áldozatként. Isten úgy parancsolta, hogy elfogadhatóan és önkontrollal viselkedjünk, valahányszor érintkezésbe kerülünk a szent dolgokkal, mindig óvatosan és önmegtartóztatással kell viselkednünk, hogy ne használjuk helytelenül, vagy ne sértsük meg a dolgokat, amelyek Istené. Ha sérülést okozunk valamiben a gondatlanságunk miatt, meg kell bánnunk a szívünk mélyén, és kárpótlást kell felajánlanunk, amely nagyobb mennyiségű vagy értékű, mint a sérült cikkek.

A Leviták könyve 6:2-5 elmagyarázza nekünk azokat a módokat, ahogy a bűneinkért bocsánatot kaphatunk: *„Mikor vétkezik valaki, és hűtlenséget követ el az Úr ellen, [tudniillik] eltagadja felebarátjának reábízott vagy kezébe adott holmiját, vagy megrabolja vagy zsarolja felebarátját,"* vagy *„Vagy ha elveszett holmit talált, és eltagadja, vagy valami miatt hamisan esküszik."* Ez a módja annak, hogy megbánjuk a rossz cselekedeteinket, amelyeket akkor követtünk el, amikor még nem hittünk Istenben, és hogy bűnbánatot tartsunk, és bűnbocsánatot kapjunk, amikor felismertük, hogy öntudatlanul birtokba vettük valaki más holmiját.

Annak érdekében, hogy engesztelést kapjon az ilyen bűnökért, az eredeti tulajdonosnak vissza kell adnia nem csak az eredeti dolgot, hanem ráadásul az „ötödrészt" is az értékből. Itt, az „egy ötöd rész" nem feltétlenül jelenti azt, hogy csak numerikusan lehet meghatározni ezt a részt. Azt is jelenti, hogy ha valaki bemutatja a bűnbánat tetteit, azoknak mélyen a szívéből kell eredniük. Akkor Isten megbocsátja neki a bűneit. Például, vannak esetek, amikor nem minden sérelmet, amely a múltban történt, lehet egyedileg felszámítani, és pontosan megfizetni érte. Ilyen esetekben mindent meg kell tennie az egyénnek, hogy szorgalmasan bizonyítsa a bűnbánatát a tetteivel innentől kezdve. A pénzt, amit megszerzett a munkahelyén vagy az üzletében, szorgalmasan átadhatja az Isten országának, vagy pénzügyi segítséget nyújthat a rászorulóknak. Amikor felépíti a bűnbánat ilyesfajta cselekedeteit, Isten fel fogja ismerni a szívét, és meg fogja bocsátani neki a bűneit.

Kérjük, ne feledje, hogy a bűnbánat a legfontosabb összetevője a bűntudat-áldozatnak vagy a bűnért való áldozatnak. Isten nem hízott borjút, hanem töredelmes lelket kíván tőlünk (Zsoltárok 51:17). Ezért, amikor imádjuk Istent, meg kell bánnunk a bűnt és gonoszságot a szívünk mélyéről, és a megfelelő gyümölcsöt kell teremnünk. Remélem, hogy—amint Ön felajánl Istennek istentisztelet és áldozatokat oly módon, ami tetszik Neki, és az életét úgy éli, mint egy élőáldozat, aki a Számára elfogadható—mindig az Ő túláradó szeretete és áldása közepette fog járni.

Nyolcadik fejezet

## Mutasd a testedet egy élő és szent áldozatként

„Kérlek azért titeket atyámfiai
az Istennek irgalmasságára,
hogy szánjátok oda a ti testeiteket élő,
szent és Istennek kedves áldozatul,
mint a ti okos tiszteleteteket."

Rómaiakhoz írt levél 12:1

## 1. Salamon ezer égőáldozata és áldása

Salamon húszévesen lépett a trónra. Fiatalkorában Nátán próféta tanítványa volt, aki szerette Istent, és megfigyelte az apja, Dávid király törvényeit. Miután a trónra lépett, Salamon Istennek ezer égőáldozatot ajánlott fel.

Egyáltalán nem volt könnyű feladat ezer égőáldozatot bemutatni. Sok korlátozás létezett az áldozat helye, ideje, tartalma tekintetében az ószövetségi időkben. Továbbá, ellentétben a hétköznapi emberekkel, Salamon királynak nagyobb helyre lett volna szüksége, sok ember elkísérte őt, és nagyobb számban áldozott. A 2 Krónikák 1:2-3 ezt mondja: *„És szóla Salamon az egész Izráel népének, ezredeseknek, századosoknak, a bíráknak és egész Izráel minden előljáróinak [és] a családfőknek, Hogy elmennének Salamon és az egész gyülekezet ő vele a magaslatra, mely Gibeonban vala; mert ott volt az Isten gyülekezetének sátora, melyet Mózes, az Úr szolgája csinált vala a pusztában."* Salamon Gibeonba ment, mivel itt volt Isten gyülekezeti sátra, amelyet Mózes épített a vadonban.

Az egész gyülekezettel, Salamon elment „az Úr elé, a bronz oltárhoz, mely a gyülekezet sátorában volt," és felajánlott Neki ezer égőáldozatot. Kifejtettük már korábban, hogy az égőáldozat egy olyan felajánlás Istennek, ahol a felajánlott állatot meggyújtották, és mivel az életet Istennek kínálják fel, azt is jelenti, az áldozat teljes odaadással történt.

Azon az éjszakán, Isten megjelent Salamon előtt, és megkérdezte tőle: *"Kérj a mit akarsz, hogy adjak néked"* (2 Krónikák 1:7). Salamon válaszolt:

*Te nagy irgalmasságot cselekedtél az én atyámmal, Dáviddal; és ő helyette engemet királylyá tettél. Most, oh Uram Isten, legyen állandó a te beszéded, [melyet szólottál volt] az én atyámnak, Dávidnak; mert te választottál engem királylyá e nép felett, mely [oly] sok, mint a földnek pora. Most azért adj nékem bölcseséget és tudományt, hogy a te néped előtt mind ki-, mind bemehessek; mert vajjon kicsoda kormányozhatja ezt a te nagy népedet?* (2 Krónikák 1:8-10).

Salamon nem kért gazdagságot, becsületet, az ellenségei életét, vagy hosszú életet. Csak bölcsességet és tudást kért, amellyel uralkodni tudott a népén. Isten elégedett volt Salamon válaszával, és átadta a királynak nem csak a bölcsességet és a tudást, amit kért, hanem a gazdagságot, a jólétet és a becsületet is, amelyek közül egyiket sem kérte a király.

Isten ezt mondta Salamonnak: *"A bölcseséget és a tudományt megadtam néked, sőt gazdagságot, kincset és tisztességet is olyat adok néked, a melyhez hasonló nem volt sem az előtted, sem az utánad való királyoknak"* (12. vers).

Amikor felkínálunk Istennek lelki istentiszteletet, olyan módon, ami tetszik Neki, Ő megáld minket, hogy minden tekintetben boldogulni tudjunk, és jó egészségünk legyen, miközben a lelkünk boldogul.

## 2. Az imaház korától a templom koráig

Miután egyesítette királyságát és biztosította a stabilitást, volt egy dolog, ami zavarta Dávid király szívét, Salamon apját: Isten temploma még nem épült meg. Dávid megdöbbent, hogy az Isten ládája a sátor függönyei mögött volt, miközben ő a palotában tartózkodott, ami cédrusfából készült, és elhatározta, hogy épít egy templomot. Mégis, Isten nem engedte meg ezt, mert Dávid sok vért ontott a csatában, és ezért alkalmatlan volt arra, hogy egy szent templomot építsen Istennek.

*De az Úr ekképen szóla nékem, mondván: Sok vért ontottál, és sokat hadakoztál; ne építs az én nevemnek házat, mert sok vért ontottál ki a földre én előttem* (1 Krónikák 22:8).

*De az Isten monda nékem: Ne [te] csinálj házat az én nevemnek; mert hadakozó ember vagy, [sok] vért is ontottál [immár]* (1 Krónikák 28:3).

Míg Dávid király nem tudta beteljesíteni az álmát, hogy felépítése a templomot, hálából ő mégis engedelmeskedett Isten Igéjének. Előkészített aranyat, ezüstöt, bronzot, drágaköveket és cédrusfát, amelyek a szükséges anyagok voltak ahhoz, hogy a fia, Salamon, felépíthesse a templomot.

Amikor a negyedik éve volt a trónon, Salamon megfogadta, hogy megtartja az Isten akaratát, és felépíti a Templomot. Az építési projektet a Moriah hegyen kezdte el, Jeruzsálemben, és hét év alatt fejezte be. Négyszáznyolcvan évvel az után, hogy Izrael népe elhagyta Egyiptomot, Isten templomának az építése befejeződött. Salamon megparancsolta, hogy a bizonyság ládáját (a frigyládát) és egyéb szent dolgokat vigyenek be a templomba.

Amikor a papok bevitték a frigyládát a Szentek Szentjébe, Isten dicsősége betöltötte a házat „*Úgy, hogy meg sem állhattak a papok az ő szolgálatjokban a köd miatt; mert az Úr dicsősége töltötte vala be az Úrnak házát*" (1 Királyok 8:11). Ily módon ért véget az imaház kora, és kezdődött el a templom kora.

Az imában, amelyben felajánlotta a templomot Istennek, Salamon könyörög Neki, hogy bocsásson meg az embereinek, amikor a templom felé fordulnak a komoly imájukkal, még az után is, hogy megpróbáltatások sújtották őket, mivel bűnöztek.

*És hallgasd meg a te szolgádnak és a te népednek, az Izráelnek könyörgését, a kik imádkozándanak e helyen; hallgasd meg lakhelyedből, a mennyekből, és meghallgatván légy kegyelmes!* (1 Királyok 8:30).

Mivel Salamon király jól tudta, hogy a templom építése egyszerre jelentett megelégedettséget Isten szemében, és áldást is, így bátran könyörgött Istennek a népe javára. Amikor meghallotta a király imáját, Isten válaszolt.

*És monda néki az Úr: Meghallgattam a te imádságodat és könyörgésedet, a melylyel könyörgöttél előttem: Megszenteltem e házat, a melyet építettél, abba helyheztetvén az én nevemet mindörökké, és ott lesznek az én szemeim, és az én szívem mindenkor* (1 Királyok 9:3).

Ezért, ha valaki imádja Istent ma teljes szívéből, elméjéből, és a lehető legnagyobb őszinteséggel egy szentélyben, melyben Isten lakozik, Isten elébe megy, és megválaszolja a szíve vágyait.

### 3. Testi és lelki imádás

A Bibliából tudjuk, hogy vannak olyan fajtái az imádásnak, amelyeket Isten nem fogad el. Attól függően, hogy milyen a szívünk, amellyel az istentiszteletet felkínáljuk, van lelki istentisztelet, amelyet Isten elfogad, és testi istentisztelet, amelyet visszautasít.

Ádám és Éva kiszorult az Édenkertből, az engedetlenségük következményeként. A Genezis 4-ben olvasunk a két fiukról. Az idősebbik fiuk Káin, és a kisebbik fiuk Ábel volt. Amikor felnőttek, Káin és Ábel mindketten felajánlottak egy áldozatot Istennek. Káin gazdálkodott, és „a föld gyümölcsét" ajánlotta fel (3. vers), míg Ábel *„vive az ő juhainak első fajzásából és azoknak kövérségéből"* (4. vers). Isten *„tekinte Ábelre és az ő ajándékára.* Kainra *pedig és az ő ajándékára nem tekinte, miért is Kain haragra gerjede és fejét lecsüggeszté"* (4-5. vers). Miért nem fogadta el Isten Káin ajándékát? A Zsidókhoz írt levél 9:22-ben azt látjuk, hogy az Istennek felajánlott áldozatnak egy véráldozatnak kell lennie, amely alapján a bűnöket a törvény szerint megbocsátják a szellemi birodalomban. Éppen ezért, olyan állatokat, mint a bikák vagy bárányok, kínáltak fel az ószövetségi időkben, míg Jézus, az Isten Báránya, lett az engesztelő áldozat azzal, hogy a vérét ontotta az újszövetségi időkben.

A Zsidók 11:4 ezt mondja nekünk: *„Hit által vitt Ábel becsesebb áldozatot Istennek, mint Kain, a mi által bizonyságot nyert a felől, hogy igaz, bizonyságot tevén az ő ajándékairól Isten, és az által még holta után is beszél."* Más szóval, Isten elfogadta Ábel áldozatát, mert az Ő akarata szerint hozott áldozatot, de nem volt hajlandó Káin ajánlatát elfogadni, amely nem az Ő akarata szerint volt.

A Leviták könyve 10:1-2-ben Ádábról és Abihuról olvasunk, akik *„vivének az Úr elé idegen tüzet, a melyet nem parancsolt vala nékik,"* és megemésztette őket a tűz, amely *„tűz jöve azért ki az Úr elől,"* az Úrtól származott. Azt is olvassuk az 1 Sámuel 13-ban, hogy Isten elhagyta Saul királyt, miután a király elkövette azt a bűnt, hogy elvégezte Sámuel próféta feladatát. A filiszteusok ellen vívott csata előtt Saul király felajánlást tett Istennek, amikor Sámuel próféta nem jelent meg a kijelölt napokon belül. Amikor Sámuel megérkezett, miután az áldozatot meghozta Saul, azt mondta, hogy vonakodva tette, amit tett, mert az emberek elszóródtak tőle. Válaszul Sámuel Saul szemére vetette, hogy: „Meggondolatlanul cselekedett," és azt mondta a királynak, hogy Isten elhagyta őt.

A Malakiás 1:6-10-ben Isten megfeddi Izráel fiait, amiért nem ajánlották fel Istennek a legjobbat, amit tudtak volna, hanem a számukra használhatatlan dolgokat ajánlották fel. Isten hozzáteszi, hogy Ő nem fogadja el azt a fajta imádatot, amely követi a vallási formalitást, de hiányzik belőle az emberek szíve. Mai értelemben ez azt jelenti, hogy Isten nem fogadja el a testi istentisztelet, mely csak fizikailag van jelen.

A János 4:23-24 azt mondja, hogy Isten szívesen elfogadja a lelki istentiszteletet, amelyet az emberek lélekben és igazságban nyújtanak Neki, és megáldja az embereket, hogy elérjék az igazságot, az irgalmasságot és a hűséget. A Máté 15:7-9-ben és 23:13-18-ban azt mondják, hogy Jézus nagyon megdorgálta a farizeusokat és az írástudókat, akik az ő idejében éltek, és szigorúan betartották a férfiak hagyományait, de akiknek szíve nem imádta Istent az igazságban. Isten nem fogadja el azt az istentiszteletet, amelyet az ember önkényesen kínál fel.

Az istentiszteletet azokkal az alapelvekkel összhangban kell felajánlani, amelyeket Isten létrehozott. A kereszténység nyilvánvalóan különbözik a többi vallástól, amelyek követői az istentiszteletet az igényeik kielégítésére használják, és oly módon teszik, ami tetszik nekik. Egyrészt, a testi istentisztelet egy értelmetlen istentisztelet, ahol az egyén csak azért megy a szentélybe, hogy részt vegyen az istentiszteleten. Másrészről, a lelki istentisztelet az a cselekmény, amellyel a szív mélyéről imádunk, és részt veszünk az istentiszteleten, lélekben és igazságban, mint Isten gyermekei, akik szeretik a mennyei Atyát. Mint ilyen, akkor is, ha két ember ugyanabban az időben és helyen ajánlja fel az imádatát, attól függően, hogy milyen a szívük, Isten elfogadhatja az istentiszteletet az egyik embertől, miközben megtagadhatja azt, hogy a másikét elfogadja. Még ha az emberek el is jönnek a szentélybe, és imádják Istent, akkor se használ semmit, ha Isten azt mondja: „nem fogadom el az istentiszteletét."

## 4. Mutasd a testedet egy élő és szent áldozatként

Ha a létezésünk célja az, hogy magasztaljuk Istent, akkor az istentiszteleten kell legyen a hangsúly az életünkben, és minden pillanatot azzal a hozzáállással kell megélnünk, hogy imádjuk Őt. Az élő és szent áldozat, amelyet Isten elfogad, az istentisztelet lélekben és igazságban, nem teljesül a vasárnapi istentisztelet meglátogatásával, hetente egyszer, miközben önkényesen él valaki, a személyes kívánságai és vágyai szerint hétfőtől szombatig. Arra hívtak el bennünket, hogy Istent minden időben és minden helyen imádjuk.

Ha valaki a templomba megy imádkozni, ez egy fajta kiterjesztése az istentiszteletben történő életének. Mivel minden istentisztelet, amely eltér az ember életétől, az elkülönül tőle, nem igaz imádat, a hívő élete egészében egy lelki istentisztelet kell hogy legyen, amelyet felajánl Istennek. Nem szabad csak felkínálnunk a gyönyörű istentiszteletet a szentélyben, a megfelelő eljárások és folyamatok szerint, hanem szent és tiszta életet kell vezetnünk, engedelmeskedve Isten minden alapszabályának a mindennapi életünkben.

A Rómaiak 12:1 ezt tartalmazza: *„Kérlek azért titeket atyámfiai az Istennek irgalmasságára, hogy szánjátok oda a ti testeiteket élő, szent és Istennek kedves áldozatul, mint a ti okos tiszteleteteket."* Ahogy Jézus az egész emberiséget mentette meg az által, hogy a testét felajánlotta áldozatul, Isten azt akarja, hogy bemutassuk a saját testünket, mint élő és szent áldozatot.

A látható Templom épülete mellett – mivel a Szentlélek, aki egy Istennel, a szívünkben lakozik – mindannyian Isten templomává váltunk (1 Korinthusiak 6:19-20). Meg kell újulnunk minden nap az igazságban, és őriznünk kell magunkat, hogy szentek legyünk. Amikor az Ige, az imádság és a dicséret bővelkednek a szívünkben, és ha mindent az életünkben Isten imádatának a szívével teszünk, akkor elmondhatjuk, hogy a testünket élő és szent áldozatul adtuk Istennek, amellyel az Isten elégedett lesz.

Mielőtt találkoztam Istennel, betegségek sújtottak engem. Sok napot töltöttem a reménytelen kétségbeesés jegyében. Miután ágyban fekvő beteg voltam hét évig, hatalmas adósságom volt a kórházi kezelések és a gyógyszerek költségei miatt. Szegénységben éltem. Mégis, minden megváltozott, miután megismertem Istent. Ő meggyógyított a betegségemből azonnal, és elkezdtem az életemet újra.

Miután elárasztott az Ő kegyelme, elkezdtem szeretni Istent mindenek felett. Az Úr napján, felébredtem hajnalban, gondoskodtam arról, hogy fürdőt vegyek, és felvegyem a frissen tisztított fehérneműmet. Még ha viseltem is egy pár zoknit rövid ideig szombaton, soha nem viseltem ugyanazt a párt a templomban a következő napon. A legtisztább és a legjobb ruhákat vettem magamra. Ez nem jelenti azt, hogy a hívőknek divatos kell legyen a külső megjelenése, amikor imádkozni mennek. Ha egy hívő igazán hisz, és szereti Istent, természetes neki, hogy a legjobb előkészületek szerint áll elő, hogy Istent magasztalja. Még ha az ember körülményei nem is teszik lehetővé bizonyos ruhák viselését, akkor is: mindenki előkészítheti a ruházatát és a megjelenését a legjobb képességei szerint.

Mindig gondoskodtam arról, hogy felajánljak új pénzt, amikor kezembe került új, ropogós bankjegy, felajánlottam azt. Vészhelyzetben sem érintettem meg ezeket a pénzeket. Tudjuk, hogy még az ószövetségi időkben, míg különböző szinteken ajánlottak fel áldozatot, minden egyes ember körülményeitől függően, minden hívő előkészített egy áldozatot, amikor a pap elé ment. Ezzel kapcsolatban Isten arra tanít bennünket, kertelés nélkül a Exodus 34:20-ban: *„Senki ne jelenjen meg előttem üres kézzel."*

Ahogy megtanultam egy újjáéledési szakértőtől, mindig

gondoskodtam arról, hogy egy kis vagy nagy felajánlás legyen nálam, minden istentiszteleten. Annak ellenére, hogy a kamatainkat az adósságunk után alig fedezte a bevételünk, amit a feleségem és én szereztünk, egyszer sem adtunk kelletlenül, vagy soha nem sajnáltuk, miután a felkínálást átadtuk. Hogyan is sajnáltuk volna, amikor az áldozatunk használt a lelkeknek, és Isten országának és igazságának a megavalósításának? Miután látta az odaadásunkat, az Általa választott időben Isten megáldott minket, hogy visszafizessük a hatalmas adósságunkat. Elkezdtem imádkozni Istenhez, hogy olyan presbiter legyen belőlem, aki pénzügyi enyhülést hoz a szegényeknek, és vigyáz az árvákra, özvegyekre, és a betegekre. Mégis, Isten váratlanul elhívott, hogy lelkész legyek, és elvezetett engem addig, hogy egy hatalmas templomot vezessek, amely megment számtalan lelket. Bár nem váltam presbiterré, képes vagyok segélyt nyújtani sok embernek, és megkaptam Isten erejét, amellyel meg tudom gyógyítani a betegeket, és mindkettő jóval több, mint amiért imádkoztam.

## 5. „Amíg Krisztus kialakul benned"

Ahogy a szülők küszködnek készségesen, hogy a lehető legjobban ápolják a gyermekeiket, miután megszülték őket, nagyon sok fáradság, kitartás és áldozat szükséges ahhoz, hogy vigyázzon minden egyes lélekre, és elvezesse az igazsághoz őket, Istennek is. Ezzel kapcsolatban Pál apostol ezt vallja a Galatea

4:19-ben: *„Gyermekeim! kiket ismét fájdalommal szülök, míglen kiábrázolódik bennetek Krisztus."*

Mivel ismerem Isten szívét, akinek a számára egy lélek több, értékesebb, mint minden az univerzumban, és arra vágyik, hogy az összes ember üdvösséget nyerjen, én is mindent megteszek, hogy elvezessek, akár egy utolsó lelket is, az üdvösség útjára, és új Jeruzsálembe. Arra törekedve, hogy a gyülekezeti tagok hitének a szintjét *„a Krisztus teljességével ékeskedő kornak mértékére"* (Efezusiak 4:13) felhozzam, imádkoztam, és előkészítettem üzeneteket, minden pillanatban, és lehetőséget találtam erre. Bár vannak időszakok, amikor nagyon szeretnék összeülni az egyháztagokkal vidám beszélgetésekre, mint a pásztor, aki vezeti a nyáját, önkontrollt gyakorlok mindenben, és elvégzem a feladatokat, amelyeket Isten adott nekem.

Két vágyam van minden hívő számára. Először is, szeretném, ha nagyon sok hívő nem csak üdvösséget nyerne, de Új Jeruzsálemben lakna, amely a legdicsőségesebb hely a mennyben. Másodszor, szeretném, ha nagyon sok hívő elkerülné a szegénységet, és a jólétet élvezné. Mivel a templom megújul, és mérete növekszik, azoknak a száma is nő, akik pénzügyi mentességet kapnak, így a gyógyító sugara is folyton nő. Világi szempontból, ez nem könnyű feladat, hogy figyelembe vegyük az igényeket, és ennek megfelelően járjunk el, hogy az egyház minden tagjának az igényeit kielégítsük.

Úgy érzem, a legnehezebb terhek rakódnak rám, amikor a hívők bűnöket követnek el. Ez azért van, mert tudom, hogy ha a hívő rájön a bűneire, ráébred arra is, hogy elhatárolódott Új Jeruzsálemtől. Szélsőséges esetben azt is megtudhatja, hogy még üdvösséget sem kaphat. A hívő választ, és szellemi vagy fizikai gyógyulást csak abban az esetben kaphat, ha lebontotta a bűnfalat közte és Isten között. Miközben kapaszkodtam Istenbe a hívők nevében, akik bűnt követtek el, nem tudtam aludni, görcsöltem és könnyeztem, és kimondhatatlanul sok energiát fogyasztottam el, számtalan órát és napot töltöttem el a böjt és az ima jegyében.

Miután elfogadta a felajánlásaimat megszámlálhatatlan alkalommal, Isten megmutatta az Ő irgalmát az embereknek, még olyanoknak is, akik korábban méltatlanok voltak az üdvösségre, megadta a bűnbánat szellemét nekik, hogy ők is tartsanak bűnbánatot, és így üdvösséget nyerjenek. Isten kibővítette a megváltás ajtait is, hogy számtalan ember a világról bemehessen rajtuk, hogy hallja az a szentség evangéliumát, és magához ölelje az Ő hatalmának a megnyilvánulásait.

Valahányszor látom, ahogy sok hívő felnő szépen az igazságban, ez a legnagyobb jutalom számomra, mint lelkész. Ugyanígy, ahogy az ártatlan Úr felajánlotta magát illatos aromaként Istennek (Efezusiak 5:2), én is menetelek tovább, felajánlva minden szempontból az életemet, mint egy élő és szent áldozatot Istennek, az Ő királyságáért, és a lelkekért.

Amikor a gyerekek megtisztelik a szülőket az Anyák napja, vagy az Apák napja („Szülők napja" Koreában) alkalmából, és felmutatják a hála zálogait, a szülők nem is lehetnének boldogabbak. Még ha ezek az ajándékok nem is tetszenek a szülőknek, mégis elégedettek ők, mert a gyermekeiktől kapták őket. Hasonló módon, amikor az Ő gyermekei felkínálják Neki az imádatukat, amelyet a legnagyobb mértékű erőfeszítéssel készítettek elő a mennyei Atya számára, Ő örül, és megáldja őket. Természetesen, egyik hívő sem élhet önkényesen a hét folyamán, és úgy, hogy csak vasárnap mutat odaadást! Ahogy Jézus mondja a Lukács 10:27-ben, minden hívőnek szeretnie kell Istent teljes szívéből, lelkéből, erejéből és az elméjéből, és fel kell ajánlania magát, mint egy élő és szent áldozatot, az élete minden napján. Azzal, hogy Istent imádja lélekben és igazságban, és felajánlja Neki a szíve illatos aromáját, az olvasó bőven élvezni fog minden áldást, amit Isten előkészített neki.

## A szerző:
## Dr. Jaerock Lee tisztelendő

Dr. Jaerock Lee Muanban, Jeonnam Tartományban, a Koreai Köztársaságban született, 1943-ban. A húszas éveiben hét évig gyógyíthatatlan betegségekben szenvedett, és a gyógyulás reménye nélkül várta a halált. Egy napon 1974-ben azonban a nővére elvitte egy templomba, és amikor letérdelt, hogy imádkozzon, az Élő Isten az összes betegségéből kigyógyította.

Attól a pillanattól fogva, hogy e csodás tapasztalat révén Dr. Lee találkozott az Élő Istennel, teljes szívéből és őszintén szereti Istent, és 1978-ban elhivatott az Ő szolgájaként. Buzgón imádkozott, hogy megérthesse Isten akaratát, és teljesen beteljesítse azt, és Isten igéjét teljesen betartotta. 1982-ben megalapította a Manmin Központi Egyházat Szöulban, Koreában, és azóta számtalan isteni munka történt ebben a templomban, beleértve a nagyszerű gyógyulásokat és a csodákat.

1986-ban lelkésszé szentelték a Jézus Sungkyul Koreai Egyházának éves összejövetelén, és négy évvel később, 1990-ben az istentiszteleteit elkezdték közvetíteni Ausztráliában, Oroszországban, a Fülöp-szigeteken, és számos más országban, a Far East Broadcasting Company, az Asia Broadcast Station, valamint a Washington Christian Radio System közreműködésével.

Három évvel később, 1993-ban a Manmin Központi Templomot beválasztották „A világ legjobb 50 temploma" közé, a *Christian World Magazin* (Keresztény Világmagazin) által (USA), és tiszteletbeli doktori címet kapott a Christian Faith College, Florida, USA, intézménytől, és 1996-ban doktori címet is – a lelkészi tudományokban – az iowai Kingsway Theological Seminary-től, az Egyesült Államokból.

1993 óta Dr. Lee a világmisszió terén vezető szerepet vállal, külföldön az Egyesült Államokban, Tanzániában, Argentínában, Ugandában, Japánban, Pakisztánban, Kenyában, a Fülöp-szigeteken, Hondurasban, Indiában, Oroszországban, Németországban és Peruban, és 2002-ben „világszintű lelkésznek" nevezték a vezető koreai keresztény újságok, a külföldi Nagy Egyesült Missziókban kifejtett tevékenységéért.

2018 június a Manmin Központi Templom több mint 130. 000 tagot számlált, 11. 000 hazai és külföldi leányegyháza volt szerte a világon, és eddig több mint 100 misszionáriust küldött 26 országba, beleértve az Egyesült Államokat, Oroszországot, Németországot, Kanadát, Japánt, Kínát, Franciaországot, Indiát, Kenyát, és sok más országot.

A mai napig Dr. Lee 112 könyvet írt, közöttük a rekord példányszámban eladott *Az Örök Élet Megkóstolása a Halál Előtt, Életem Hitem I és II, A Kereszt Üzenete, A Hit Mértéke, A Mennyország I és II, A Pokol, Isten Hatalma,* és a munkáit több mint 76 nyelvre lefordították.

A keresztény rovatai megjelennek a *The Hankook Ilbo, The JoongAng Daily, The Dong-A Ilbo, The Chosun Ilbo, The Seoul Shinmun, The Kyunghyang Shinmun, Koreai Napi Gazdaság (The Korea Economic Daily), The Shisa News,* és a *Keresztény Sajtó (The Christian Press)* hasábjain.

Dr. Lee jelenleg több tisztséget tölt be: a Koreai Egyesült Szentség Egyház elnöke; a Global Christian Network (GCN) alapítója és igazgatótanácsának elnöke; a The World Christian Doctors Network (WCDN) alapítója és igazgatótanácsának elnöke; és a Manmin Nemzetközi Lelkészképző (MIS) alapítója és igazgatótanácsának elnöke.

Más, hasonlóan hatásos könyvek a szerzőtől:

### Mennyország I & II

Egy részletes vázlat a mennyei állampolgárok dicsőséges körülményeiről, amelyet Isten dicsőségében élveznek.

### A Kereszt Üzenete

Egy erőteljes ébresztő üzenet mindazoknak, akik spirituálisan alszanak. Ebben a könyvben megtalálod Isten igaz szeretetét, valamint megtudod: miért Jézus az egyedüli Megmentő?

### Pokol

Egy őszinte üzenet az emberiségnek Istentől, aki azt kívánja, hogy egyetlen lélek se hulljon a pokol mélységeibe! Felfedezheted Hadész soha fel nem tárt képét, valamint a pokol kegyetlen valóságát.

### Szellem, Lélek és Test I & II

Egy kézikönyv, mely segíti spirituális megértést a lélekkel, szellemmel, testtel kapcsolatban, és segít megtalálni, hogy milyen „énünk" van, hogy erőt nyerjünk, mellyel a sötétséget legyőzhessük, és a szellem emberévé váljunk.

### A Hit Mértéke

Milyen mennyei helyet, és milyen koronákat és jutalmakat készítenek elő a számodra a mennyekben? Ez a könyv ellát bölcsességgel és útmutatással téged, hogy megmérhesd a hited, valamint a legjobb és a legérettebb hitet gyakorolhasd.

### Ébredj Izrael!

Miért tartotta Isten a szemét a világ végétől máig Izraelen? Milyen gondviselést tartogat Izrael számára – akik ma is a Messiást várják – az utolsó napokra?

### Életem, Hitem I & II

Dr. Jaerock Lee önéletrajza a legkellemesebb spirituális aromát nyújtja az olvasó számára, az élete az Isten iránti szeretet által kezdett virágozni, miután sötét hullámok, hideg járom jutott számára, valamint a legmélyebb elkeseredés.

### Isten Hatalma

Egy kihagyhatatlan olvasmány, egy alapvető útmutató az igaz hit eléréséhez, és Isten csodáinak megtapasztalásához.

www.urimbooks.com

www.ingramcontent.com/pod-product-compliance
Lightning Source LLC
LaVergne TN
LVHW041814060526
838201LV00046B/1257